5,000만 원 이하로 홍콩에서 창업하기

홍콩 현지 비즈니스 컨설턴트가 알려 주는 홍콩에서의 창업 A to Z

5,000만 원 이하로
홍콩에서 창업하기

김한성 지음

아라크네

홍콩에 가면 돈이 보인다

홍콩 수출입 관련 컨설팅을 하다 보면 창업 상담을 많이 받는다. 이들은 이구동성으로 홍콩은 여행에 관한 것 이외에는 정보를 얻기가 쉽지 않다고 말한다. 정말 아시아에서 국민소득 3만 5,000불이 넘는 선진국이며, 한국과의 교역량이 6위인 홍콩에 대한 정보는 거의 전무하다.

각국의 쇼룸 시장인 홍콩은 글로벌 창업 아이템의 각축장이다. 따라서 창업을 준비한다면 반드시 봐야 할 시장이다.

창업의 시작은 '아이템'이다. 아이템 선택이 창업의 성공과 실패를 좌우한다고 해도 과언이 아니다. 그래서 '좋은 아이템이 어디에 있을까?'를 찾아보는 예비 창업자들이 많은데, 가장 좋은 방법은 '벤치마킹'이다.

인류 문화는 '상호 차용'을 통해 발전했듯이 창업 또한 그렇게 해야 성공한다. 즉 상호 차용을 통한 재창조가 이루어져야 좋은 아이템이 되는 것이다. 그러기 위해서는 먼저 이미 성공한 아이템이 얼마나 잘되고 있고, 얼마를 투자했는지를 철저히 조사 분석해야 한다. 이것을 바탕으로 창업자 본인만의 아이템을 만들면 성공할 수 있다.

이 책에 나와 있는 홍콩 창업 아이템은 필자가 1년간 발로 직접 뛰면서 조사하고 분석한 것들이다. 탈고하기 직전까지도 사업이 계속해서 잘 유지되고 있는지를 재차 일일이 확인하였다. 그래서 아이템 선정과 이에 따른 사업적 검증을 창업자 입장에서 객관적으로 서술하였으며 누구나 이해하기 쉽도록 썼다고 자신할 수 있다.

지금 전 세계는 저성장과 불황의 늪에 빠져 있다. 또한 한국 무역 협회에 따르면 유럽발 경제 위기가 최소 3년은 이어질 것이라고 한다. 그래서 어떻게 보면 IMF 외환위기 시절보다 더 심각한 상황이라고 할 수 있다. 하지만 불황기라도 돈을 안 벌 수가 없으니 창업을 고려하지 않을 수 없다. 이럴 때일수록 급하지 않고 신중하게 고민하면서 실수 없는 창업을 해야 한다. 되도록 창업에 관한 책을 많이 읽음으로써 간접 경험을 해 보는 것도 실수를 줄이는 한 방법이다.

창업을 준비하는 예비 창업자들이 이 책을 통해 아이템을 선택하는 데 조금이나마 도움이 되었으면 하는 바람이다.

아울러 책을 내기까지 여러 가지 도움을 주신 숭의여자대학교 배영기 교수님께 감사를 드린다. 그리고 오랜 친구이며 서울시 디자인 컨설턴트로 활동하는 최상근 님의 경험적 조언과 많은 도움에도 감사를 표한다. 또한 아라크네 출판사 대표인 김연홍 님께도 감사를 드린다.

부디 예비 창업자들의 건투를 빈다.

2013년 4월
홍콩에서 김한성

차례

홍콩에서의 성공을 부르는 창업 아이템

1장 / 특화된 전문점이 살아남는다

* **자료 출처**
  홍콩 통계청, 홍콩 무역국, 홍콩 관광청, 홍콩 소비자 협회, 홍콩 이민국, 이노한 LTD.

* **독자들의 이해를 쉽게 하기 위해 필요한 경우 화폐 단위를 한화(원)로 표기하였습니다.**
  (1홍콩달러=145원 기준)

| 홍콩의 일반 정보 |

● **명칭**

홍콩(香港)은 말 그대로 '향기로운 항구'를 뜻하며, 현재 홍콩 섬에 있는 '샹강짜이(香港仔)'라는 지명에서 유래하였다. 정식 명칭은 중화인민공화국 홍콩특별행정구(Hong Kong Special Administrative Region of the People's Republic of China, 中華人民共和國香港特別行政區)이다.

● **위치와 지리**

중국 광둥 성 선전 시 가장자리 남쪽에 위치하고 있다. 홍콩 섬(香港島),

구룡(九龍), 신계지(新界地) 등의 3개 구역과 262여 개의 외곽 섬으로 이루어져 있다. 그리고 18개 구(區)로 나뉘어 있다.

면적은 1,100㎢로 인천광역시보다 조금 넓다. 남북 간 거리는 38km, 동서 간 거리는 50km에 이른다. 그중에서 40% 정도가 공원과 개발제한구역으로 묶여 있고, 25%도 안 되는 426㎢만이 개발되었다.

●기후

아열대 기후로 대체로 덥고 습하다. 봄과 가을은 보통 화창하나 많이 건조한 편이다. 여름에는 태풍과 장마가 오고 겨울에는 북쪽에서 강하고 찬 바람이 분다.

●언어

공식 언어는 베이징어, 광둥어, 영어다. 정부 기관뿐만 아니라 대부분의 기업과 상점에서도 3개 언어를 병행하여 사용하고 있다.

영국의 통치가 시작된 뒤부터 1974년까지 영어는 약 120년간 홍콩의 유일한 공용어였다. 영국령과 국제 자유 도시라는 이유에서였다. 물론 1974년 이전에도 중국어(표준 중국어에 가까운 형태로 쓰고, 광둥어로 발음했다)는 실질적 공용어의 지위를 누렸다. 1997년에 중국으로 반환된 후부터는 대부분의 초등학교에서 중국의 공식 표준어인 베이징어로 수업을 실시하고 있고 텔레비전에서도 베이징어 프로그램을 의무적으로 방영한다. 정부 회의 때에도 베이징어 동시통역이 이루어지고 있다. 일반적으로 홍콩에서 중국어는 번체로 표기하지만 반환 이후부터는 간체로 표기한 정부 자료도 볼 수 있게 되었다.

● 인구 및 주민

2012년 7월 현재 710만 명이다. 그중에서 한족은 95%를 차지한다. 그다음으로 가사도우미 등으로 일하고 있는 필리핀인과 인도네시아인이 많고, 이어 미국인, 식민지 시대에 이주한 영국인 순이다. 일본인도 2만 명 정도 거주하고 있다. 한국인의 수는 2011년 기준으로 1만 5,000명(체류자 포함)이다.

홍콩의 거주민 현황

거주민	666만 5,558명	94.6%
유동 거주민	51만 355명	0.8%
경유 거주민	32만 6,396명	4.7%

● 통화

1937년부터 사용한 홍콩달러(Hong Kong Dollar)를 화폐로 사용한다. 보통 달러 기호인 '$'로 표시하지만 다른 달러들과 구별하기 위해 'HK$'로 쓰기도 한다. 1983년 10월 17일부터 1$=7.80HK$의 고정 환율제를 실시하고 있다. 다른 통화와의 고정 환율도 결정하였으나 시장에서의 환율은 약간씩 변동이 있다. 홍콩 금융관리국에서 발행하는 동전(10¢, 20¢, 50¢, 1$, 2$, 5$, 10$)과 지폐(10$, 20$, 50$, 100$, 500$, 1,000$)를 사용한다.

● 교통

버스(이층버스, 미니버스 포함), 지하철, 철도, 스타페리, 픽크트램, 트램 등 다양한 교통수단이 있으며, 복잡하고 정교한 교통 네트워크가 잘 발달되어 있다.

철도는 구룡에서 중국 국경의 뤄후(羅湖)를 거쳐 본토인 광저우(廣州)로 들어가는 179km 길이의 구룡 철도가 유일하다. 또한 KCR과 MTR이 있다. KCR은 구룡의 홍함에서부터 중국 국경선 로우까지를 운행하는 국철 형태의 열차이고, MTR은 홍콩 전역을 거의 다니는 지하철 형태의 열차다. 요금은 구간에 따라 600~4,000원이 적용된다.

그리고 버스는 5개의 회사(KMB, Citybus, NWFB, Long Win & LNB)가 있고, 1949년에 홍콩에 도입된 2층 버스는 독점적으로 운영되고 있다. 그 밖에도 16인용 미니버스는 버스정류장, 주정차 금지 구역을 제외한 전 지역에서 승하차한다. 녹색 버스는 회사가 운영하고, 빨간색 버스는 개인이 운영한다. 구간마다 다양한 요금제가 적용되기 때문에 차를 타기 전에 요금을 확인해야 한다.

모든 택시는 공항을 경유하지만 색깔에 따라 운행 지역이 구분된다. 청색 택시는 란타우 섬에서만 운행되는 반면에 빨간색 택시는 란타우 섬 남부를 제외한 홍콩 전역을 운행한다. 녹색 택시는 신계의 전 지역을 운행한다.

그 외 교통수단으로는 스타페리, 피크트램, 트램 등이 있다. 1888년부터 운항을 시작한 스타페리는 구룡과 홍콩 섬 사이의 앞바다를 잇는 대표적인 수상 교통수단으로 배의 구조가 2층으로 되어 있다. 침사추이~센트럴, 침사추이~완차이, 홍함~센트럴, 홍함~완차이 등을 운항하는데 도강 시간은 약 8~20분 정도 소요된다.

피크트램은 홍콩 섬에서 가장 높은 곳에 위치한 빅토리아 피크를 올라갈 때 이용하는 전차다. 중간에 경사각이 45도까지 되어 있고 홍콩 섬 및 구룡 전체를 보면서 올라가는 재미가 있다.

트램은 1904년부터 홍콩 섬 동쪽에서부터 서쪽까지를 운행하고 있는 지상 2층 전차로 매일 평균 22만 명이 이용하는 중요한 교통수단이다.

지하철, 스타페리 등 대부분의 교통수단에서는 옥토퍼스 카드, 빳땃통(八達通)이라는 선불 충전식 카드를 사용할 수 있다. 이 카드는 가방이나 지갑에서 꺼낼 필요 없이 단자에 갖다 대기만 하면 된다. 또한 편의점에서나 자판기에서도 사용 가능하다. 이 카드를 구매하기 위해서는 한화로 약 7,200원을 보증금으로 내야 하고, 7,200원, 14,400원 단위로 충전이 가능하다.

홍콩은 땅이 좁고 인구밀도가 매우 높아서 자동차로 인한 교통 정체가 심하다. 이를 해소하기 위해 싱가포르처럼 자동차를 가진 사람에게 높은 세금을 매기고 있다. 그래서 710만 명의 인구에 자동차는 60만 대 정도밖에 없다. 그리고 영국의 영향을 받아 우리나라와는 반대로 자동차들이 좌측통행을 실시하고 있다.

● 교육 제도

교육관리부에서 전면 계획 및 관리한다. 2007년부터 교육 제도의 개혁 조치를 단행, 2013년 현재 학제는 6년 소학, 3년 초등, 3년 중등, 4년 대학 시스템을 실시하고 있다.

● 간략한 역사

1839년~1942년 | 아편전쟁 영국 승리, 난징 조약 체결, 영국 홍콩 섬 영구
　　　　　　　　지배권 회득

1860년 | 영국 베이징 조약 체결, 구룡 반도 영구 지배권 획득

1894년 | 신제 지역 99년 조차권 행사

1941년~1945년 | 일본 점령 기간

1950년 | 한국전쟁으로 인해 중국의 홍콩 봉쇄 정책, 경제난 해결을 위한
국제화 자유 무역 경제 도입

1984년 | 중국과 영국의 홍콩 반환 협정 체결

1997년 | 중국에 홍콩 반환, 1국 2체제 50년 유지

| 홍콩의 비즈니스 개요 |

●경제 현황

경제 핵심은 4대 6항 정책이다. 즉 홍콩은 4대(금융, 무역, 물류, 관광)를 지금 중점적으로 발전시키고 6항(문화, 의료, 교육, 창조, 국제표준기술, 환경)을 미래를 위해 점진적으로 발전시킬 계획을 수립하였다. 그 바탕에는 철저한 자유 시장 경제 체제가 있다.

중국, 대만, 싱가포르, 말레이시아, 한국, 일본 등 주요한 시장 국가들이 4시간 이내의 거리에 위치하고 있으며, 인접 국가 및 중국의 수출입 관문 역할을 하고 있다. 중국의 전체 수출입 물량 중 3분의 1을 홍콩에서부터 시작할 정도로 홍콩은 중국의 중점 경유 지역이다. 또한 연간 평균 272만 t 이상의 물류를 처리하여 항만 운송 부문에서 명실상부한 아시아의 중심지 역할을 하고 있다. 그래서 홍콩항은 세계에서 가장 복잡하고 바쁜 컨테이너 항구 중 하나이다.

2010년 홍콩의 1인당 명목 국내총생산(GDP)은 3만 3,799달러이고, 1인당 실질 구매력(PPP)은 4만 5,277달러이다. 이는 아시아에서 싱가포르 다음으로 높은 수치다.

2012년 각 산업별 현황을 살펴보면 국내 생산총액에서 서비스업 비중이 92.3%를 차지해 가장 높고, 그다음으로 제조업과 농업이 각각 7.6%와 0.1%를 차지하고 있다.

● 일반 비즈니스 환경

1974년에 공무원 반부패기구를 설립하였다. 그래서인지 공무원 청렴도가 투명하고 사업과 관련한 규정이 간소하다. 뿐만 아니라 저(低)세율과 세제(税制)의 간소화, 법제 건전화, 재산권 관념의 견고화 등을 통해 경제학자 사이에서 시장 경제를 잘 운영하는 나라로 평가받고 있다. 그래서 홍콩은 지난 10년 동안 '외국인들이 비즈니스하기에 좋은 환경을 지

국가별 외국인 사업 환경 평가(2012년)

순위	국가명	점수(%)
1	홍콩	89.7
2	싱가포르	87.2
3	호주	82.5
4	뉴질랜드	82.3
5	스위스	81.9
6	캐나다	80.8
7	아일랜드	78.7
8	덴마크	78.6
9	미국	77.8
10	바레인	77.7

닌 도시' 평가에서 매년 1~2위를 차지하고 있다. 홍콩 주식시장의 시가총액은 2006년부터 뉴욕 주식시장을 추월하여 런던 주식시장에 이어 두 번째로 크다.

● 외국인을 위한 비즈니스 환경

모든 공적인 서류는 영어와 중국어가 동시 적용되어, 외국인이 전혀 차별을 느끼지 않고 사업할 수 있는 환경이다. 또한 거주 비자나 워킹 비자 등에 상관없이 비즈니스 활동을 하는 데 제약이 없으며 법적으로도 거주민이 평등하게 보호를 받을 수 있다. 그만큼 외국인 비즈니스맨들을 위한 지원책이 잘 되어 있을 뿐만 아니라 의료, 주거 등도 편리한 도시 국가다.

또한 아시아 최대의 전시 · 컨벤션 산업의 중심지로 연간 320일, 150여 개

의 전시회를 열 정도로 국제적으로 중요한 도시이다. 우리나라와는 교역량
이 매년 4~6위를 차지할 정도로 긴밀한 관계를 유지하고 있다.

① 총 외국기업 수 6,948개사 소재(2011년 기준)
- 지역본부 : 1,340개, 지역거점 : 2,412개사, 지사 : 3,196개사

② 국제금융센터로서의 홍콩
- 40여 개국 400개의 은행 지점 소재, 100대 은행 69개가 영업 중
- 321개의 증권사 진출

홍콩의 외국계 기업 진출 현황(2012년)

기업형태	2007년	2008년	2009년	2010년	2011년	증감개수	증감률(%)
지역본부	1,246	1,298	1,252	1,285	1,340	55	4.3
지역사무소	2,644	2,584	2,328	2,353	2,412	59	2.5
지사	2,550	2,730	2,817	2,923	3,196	273	9.3
총계	6,440	6,612	6,397	6,561	6,948	387	5.9

※ CEPA(홍콩과 중국의 경제 무역 밀착 협약 체결)
① 주요 내용
2004년 6월 29일에 CEPA 협약이 체결됨으로써 중국 본토 정부와 홍콩 사
이에 더 긴밀한 경제 무역 관계가 실현되었다.
또한 주강 삼각주 지역(중국의 주강 하구의 광저우, 홍콩, 마카오를 연결하는 삼각

지대를 중심으로 하는 지역)의 경제 통합이 이루어졌다. 이에 따라 중국과 홍콩 사이에 무관세 및 관세율 인하가 단행되었으며, 홍콩인의 중국 내륙에서의 소매업 보장이 이루어졌다. 이는 양국의 상호 무역이 확대되는 결과를 가져왔으며, 개인 상업을 밀착시키는 계기가 되었다.

그리고 상호 월경 비즈니스에 대한 세제 감면 혜택으로 인하여 외국인 또는 외국 기업들도 CEPA 업종을 이용한 중국으로의 우회 진출 방법을 찾게 되었다. 또한 이 협약의 체결로 홍콩에서 사업하는 외국인이 중국으로 진출할 때 세금을 감면받을 수 있는 길이 열렸다.

② 중국 본토에서 혜택받는 27개 업종

회계 / 대출업 / 의료 / 광고 / 통신 서비스 / 관리 서비스 / 공항 서비스 / 개인 상공업 / 전문기술 / 방송 / 보험 / 증권 / 은행 서비스 / 직업소개소 / 창고업 / 건축, 부동산 서비스 / 인재 중개업 / 전신 서비스 / 회의 전시업 / 법률 / 여행 / 문화오락 / 물류 / 상표 서비스 / 영업 / 정보관리사업 / 운송

● 세금

홍콩의 세금은 기본적으로 면세다. 유산 승계, 금융, 소비세 등은 일괄 면세이고 일부 주류와 담배에만 세금을 부과한다. 기업 법인세 또한 최고 16.5%를 넘지 않으며, 개인 근로세와 부동산세는 최고 15%이다. 우리나라 24.2%, 일본 39.54%와 비교해 보면 파격적이라고 할 만한 수치이다. 그리고 개인 회사는 최고 15%의 세금을 내기 때문에 세금 면으로만 보면 개인 회사가 법인 회사보다 더 유리하다.

●비자

① 기본 사항

- 체재 목적에 따라 취득해야 하는 비자의 종류가 다르다. 취업 비자나 학생 비자 등을 발급 받으려면 반드시 스폰서가 필요하다.

- 한국 여권 소지자는 비자 없이 홍콩에 3개월간 체재할 수 있다. 단, 입경 시 여권의 유효기간이 입경일로부터 최소 3개월 이상 남아 있어야 한다.

- 홍콩에서는 '입경사무처 허가를 받지 않고는 취업할 수 없다'는 규정이 있다. 이를 위반하면 국외 퇴거를 명령받는다. 또는 5만 홍콩달러를 벌금으로 내거나 2년 동안 징역을 살아야 한다. 따라서 홍콩에서 취업하는 경우에는 취업이 인정되는 사증을 취득해야 한다.

- 홍콩에 7년간 연속으로 거주하면 홍콩 영구 거주민 신분증(Hong Kong Permanent Identity Card), 즉 홍콩 영주권을 신청할 수 있다. 홍콩 영주권은 3년간 연속으로 홍콩을 떠나지 않는 한 유지할 수 있다. 영주권자가 되면 홍콩 출입국 시 여권을 제시할 필요가 없다. 또한 홍콩 영주권자가 되어도 한국 국적은 그대로 유지할 수 있다.

② 비자의 종류

- 취업 비자(Employment Visa)

홍콩에서 취업한 기업을 스폰서로 신청할 수 있는 비자이다. 홍콩에서 장기 근무 시 반드시 취득해야 한다. 신청자의 과거 경력이나 홍콩에서 유용한 인재인지, 또 기업이 스폰서로서의 조건을 충족하는지 등을 심사한다. 비자의 유효기간은 일반적으로 첫해에는 1년, 이듬해에는 2년이다. 그리고 그다음 신청 시에는 3년으로 길어지는 경우도 있다.

- 가족 비자(Dependent Visa)

주재원 등 홍콩에서 취업 비자를 가진 사람의 부양가족(아이는 18세 미만)이나 홍콩인을 배우자로 둔 사람이 신청하는 비자이다. 2006년 5월부터 가족 비자 소지자도 취업을 할 수 있다. 가족 비자를 연장하려면 신청일을 기준으로 스폰서가 1년에 6개월 이상 홍콩에 체류하고 있어야 한다.

- 학생 비자(Student Visa)

홍콩특구정부 입경사무처가 인가한 학교에 다니는 학생이 발급받는 비자로, 입학 허가증 등의 자료가 필요하다. 이 비자로는 아르바이트나 취업을 할 수 없다.

- 투자 비자(Investment Visa)

홍콩에 회사를 설립해 홍콩 법인의 주주(오너)가 된 사람이 신청하는 비자이다. 회사의 자산이나 경영 상태, 구체적인 사업 계획뿐만 아니라 투자자로서 사무실 임대나 현지 직원의 고용 등이 지켜지고 있는지를 세세하게 심사한다. 원칙적으로 매년 결산서를 제출한 후에 투자 비자의 연장 수속 심사를 받아야 한다. 취업 비자를 가진 주재원이 체류 중 회사를 설립하면 입경사무처가 투자 비자로의 변환을 요구하는 경우도 있어 주의가 필요하다.

- 연수 비자(Trainee Visa)

주로 업무상의 연수를 목적으로 발급받는 비자이다. 상세한 연수 계획, 연수지 확정이 전제되어야 하며, 최장 12개월까지만 인정된다. 이 비자는 창업자가 한국에서 직원을 데리고 올 때 필요한 비자이다. 고용주는 회사 또는 점포에 할당된 비자 TO(외국인 직원 고용 가능 수)를 확인하고 비자를 신청하여야 한다.

또한 연수생은 비자 스폰서(고용주)의 보증 아래 1년짜리 단기 비자를 받을 수 있고 두 번 또는 동일 연수 비자는 발급이 안 된다. 연수지 또는 근무지를 무단으로 변경하면 비자는 취소된다. 연수생에게도 최저 임금은 적용된다.

고용주 비자 신청서

홍콩의 비즈니스 개요

워킹 비자 신청서

香港特別行政區政府入境事務處
**Immigration Department, the Government of
the Hong Kong Special Administrative Region**
輸入勞工來港就業申請表（由申請人填寫）
**Application for Entry for Employment as
Imported Workers in Hong Kong** *(to be completed by the applicant)*

此欄由管理機關處理	
FOR OFFICIAL USE ONLY	
檔案編碼 Reference barcode	

注意： (i) 有關申請手續及所需文件，請參閱「輸入勞工來港就業入境指南」[ID(C) 1007]。
Note : Please read the 'Guidebook for Entry for Employment as Imported Workers in Hong Kong' [ID(E) 1002]
for the application procedures and documents required for the application.
(ii) 填寫本表格請用正楷。 This form is issued free of charge.
(iii) 請用黑色或藍色原子筆以正楷填寫本表格。 Please complete this form in BLOCK letters using black or blue pen
(iv) 請在適當空格加上「✓」號。 Please tick as appropriate

警告： 根據香港法例，任何人士如明知故意申報失實或虛假資料而知其為虛假或其他做法不但信為真實的資料，即屬違法。則該人所獲發的任何
Warning : 簽證／進入許可或逗留期限即告無效。
A person who knowingly and wilfully makes a statement or gives information which he/she knows to be false or does not believe to be true shall be
guilty of an offence under the Laws of Hong Kong and any such visa/entry permit issued or permission to enter or remain in Hong Kong granted
shall have no effect.

1. 個人資料 Personal Particulars		
姓名（中文）（如適用） Name in Chinese (if applicable)		婚前姓氏（如適用） Maiden surname (if applicable)
姓（英文） Surname in English		
名（英文） Given names in English		
別名（如有） Alias (if any)		

性別 □ 男 Male □ 女 Female　出生日期 Date of birth 日 dd 月 mm 年 yyyy　出生地點 Place of birth

國籍 Nationality　婚姻狀況 Marital status ☑ 未婚 Bachelor/Spinster □ 已婚 Married □ 離婚 Divorced □ 分居 Separated □ 喪偶 Widowed

香港身份證號碼（如有）Hong Kong identity card no. (if any) (　)　內地身份證號碼（如有）Mainland identity card no. (if any)

旅行證件類別 Travel document type　旅行證件號碼 Travel document no

簽發地點 Place of issue　簽發日期 Date of issue 日 dd 月 mm 年 yyyy　屆滿日期 Date of expiry 日 dd 月 mm 年 yyyy

現時住址 Present address
（請在界內填寫）(please fill in within border) ⇒

照片 **Photograph**
請在此處貼上近照一張
Affix one recent photograph here
(照片大小不超過 55 米 43 毫米
及不小於 50 米 40 毫米)
(Photograph should not be
larger than 55mm x 45mm
and not smaller than 50mm x 40mm)

固定住址（如與上述不同）
Permanent address (if different from above)
（請在界內填寫）(please fill in within border) ⇒

電郵地址（如有）
E-mail address (if any)

聯絡電話號碼
Contact telephone no.　傳真號碼（如有）
Fax no. (if any)

現時定居國家／地區
Country/Territory of domicile　申請人是否在定居國家／地區獲得永久居留身份？
Has the applicant acquired permanent residence in his/her country/territory of domicile? □ 是 Yes □ 否 No

在定居國家／地區的居留時間
Length of residence in country/territory of domicile　年 year(s)　月 month(s)

如本表格為影印本或從互聯網下載，
請填列此欄。
Please complete this column if this form
is a photocopy or downloaded copy.

➡ 在本頁內所填報的資料均屬正確、完整和真實。
The information given on this page is correct, complete and true.

日期
Date _____　申請人簽署
Signature of applicant _____

ID 1001A (10/2008)　1　|||||||||||||||||||||

| 홍콩에서 창업 전에 꼭 알아야 할 정보 |

● 외국인의 홍콩 회사 설립

① 개인 회사 또는 법인 회사

외국인이 가게를 내거나 일반 회사를 설립할 때에는 개인 또는 법인 회사로 선택해 등록해야 한다. 이때 비자 유무는 관계없다. 설립 자금은 제한이 없어 1원으로도 가능하지만 현실적으로는 은행 계좌 개설을 위해 한화 145만 원 정도가 필요하다.

점포, 식당 등을 창업할 때에는 법인 회사로 등록하는 것이 보편화되어 있다. 더군다나 외국인일 경우 거주 비자 및 외국인 직원 고용 등의 문제가 발생할 염려가 있기 때문에 법인이 유리하다. 여권 카피만으로도 법인 설립이 가능할 정도로 절차는 간소한 편이다.

② 조세 면세 회사(BVI Company)

조세 면세 법인 회사란 BVI(British Virgin Isiands)의 약자로 버진 아일랜드, 바하마 등의 조세 면세 지역에 설립된 법인 회사이다. 이는 홍콩의 자유 경제 아래 있는 특수한 경우로 홍콩의 법인 기업 28% 이상이 조세 면세 지역에 설립된다.

BVI 회사는 홍콩에서 직접적으로 매출이 발생하는 영업은 못하고 투자 형식의 운영만 할 수 있다. 일반적으로 홍콩에서는 주식 상장 전에 주주의 비밀 유지나 외화 자유 거래, 절세를 위해 BVI 회사를 설립하고 이후에는 다시 일반 법인을 세워 투자 지분을 갖는 형식을 취한다.

● **필요 서류**

① 개인 회사

여권 카피, 사업지 주소

② 법인 회사

- 대표 1인, 주주 1인, 현지 비서(회계) 1인 : 국적 제한 없음(여권 카피)
- 회사 자본금 : 통상적으로 한화 145만 원
- 회계/비서 1인 : 홍콩에 등록된 회계, 세무 회사
- 홍콩 등록 사무실 주소 : 우편 및 공문서 전달 주소

- BVI 회사

- 주주 여권 복사
- 영문 주민등록 또는 영문 주소지(번역 공증)
- 자본금은 1원부터 가능

● **설립 절차**

① 개인 회사

본인 또는 대리점 신청 → 사업자 등록증(B/R) 수령 → 은행 계좌 개설/완료

② 법인 회사

회사 설립 서류 제출 → 설립 증서(CI)와 사업자 등록증(B/R) 수령 → 은행

계좌 개설/완료

③ BVI 회사

기존 BVI 회사 인수, 신규 설립 시 서류 제출 → 설립 완료까지 7~15일 소요

법인사업자 견본

公司註冊處
Companies Registry

法團成立表格
(股份有限公司)
Incorporation Form
(Company Limited by Shares)

(《公司條例》第14A條)
(Companies Ordinance s. 14A)

表格 **Form** NC1

填表前請參閱《填表須知》。
Please read the Notes for Completion before completing this form.

(註 Note 8) **1** 擬採用的公司名稱 **Intended Company Name**

擬採用的公司英文名稱 **Intended English Company Name**

擬採用的公司中文名稱 **Intended Chinese Company Name**

(註 Note 9) **2** 公司類別 **Type of Company**

請在適用的空格內加上 ✓ 號 Please tick the relevant box

☐ 私人 Private ☐ 非私人 Non-private

(註 Note 10) **3** 公司在香港的註冊辦事處擬採用的地址
The Intended Address of the Company's Registered Office in Hong Kong

(「轉交」地址及郵政信箱號碼恕不接受 'Care of' addresses and post office box numbers are not acceptable)

(註 Note 11) **4** 電郵地址 **E-mail Address**

(註 Note 4) 提交人的資料 **Presentor's Reference** | 請勿填寫本欄 **For Official Use**

姓名 Name:

地址 Address:

電話 Tel: 傳真 Fax:

電郵地址 E-mail Address:

檔號 Reference:

指明編號 1/2011 (修訂) (2011 年 2 月)
Specification No. 1/2011 (Revision) (Feb. 2011)

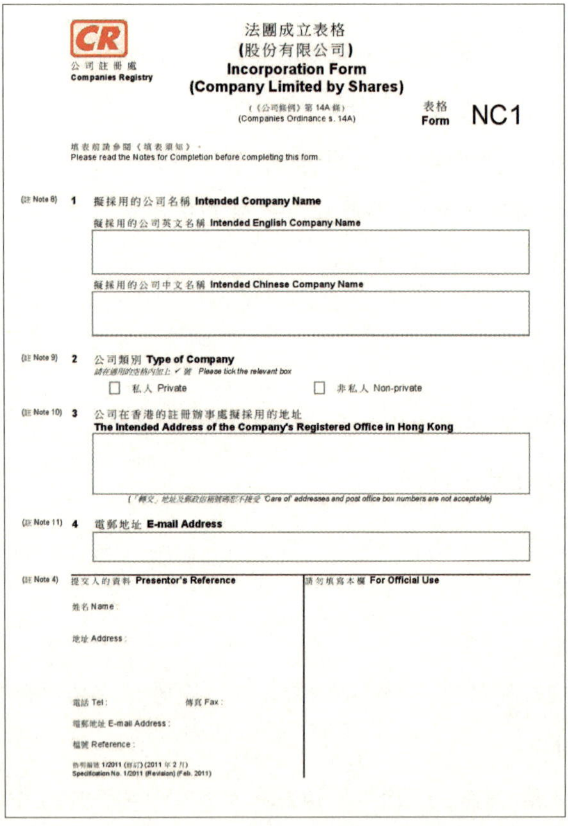

● 고용 환경

홍콩의 실업률은 4%대(2011년 4.4%, 2012년 4.8%)이고, 취업 부족률은 2.0% 정도로 근로자 입장에서는 안정적이라 할 수 있다. 반면 사업자 입장에서는 언제든지 직원을 해고할 수 있는 해고의 자유도가 높은 것이 특징이라 할 수 있다. 일반적으로 2개월 전에 해고 통보를 하고 3개월치 급여를 지불하면 해고할 수 있다. 따라서 사업자의 입장에서는 고용 부담이 없는 편이다.

하지만 해고 통보를 2개월 전에 하지 않았을 때에는 6개월치 급여를 지불해야 하는 경우도 있다. 또한 우리나라의 고용보험과 같은 강적금(強積金)이라는 제도가 있는데, 근로자의 근무일수가 60일 이상일 경우에는 의무적으로 가입해야 한다. 단, 소규모 직장에서는 상호 협의 하에 가입하지 않는 경우도 있다.

● 최저임금 계산법

2011년 5월부터 적용되고 있는 법정 최저임금은 한화로 약 4,000원이다. 여기에는 보너스, 교통비, 식비 등은 포함되지 않는다. 이는 정규직, 파견직, 시간제 근무 등 근로 조건과 직종에 관계없이 모두 적용된다. 이를 위반할 시에는 3년 이하의 징역형 또는 5,000만 원의 벌금을 내야 한다.

최저임금의 계산 방법은 '근로일수, 시간×최저임금'이다.

예) 급여 72만 원인 경우

월~토요일(일요일 휴무) 매일 8시간 근무, 1시간 점심시간

30일 계산 시(4번 휴무) 총 근무 시간은 208시간(26일×8시간)

208시간×4,000원=83만 2,000원이다. 이때 최저임금을 지불했는지 확인하는 계산법은 전체 근무시간을 28로 나누면 된다. 즉 208시간을 일했을 때 시간당 4,000원이 충족되었는지를 확인하는 것이다. 만약 급여를 72만 원을 지급하였을 때에는 최저임금 미달인 셈이다. 지급 급여는 최소 83만 2,000원이 되어야 한다.

업종별 월 평균 급여액

업종	월 급여(홍콩달러)
제조업	1만 3,000
수출입, 소매 서비스업	1만 2,000
운송 물류, 택배	1만 2,000
요식업 서비스	1만 500
통신업	1만 7,080
금융, 보험업	2만 1,250
부동산 및 비즈니스 서비스업	1만 250
공무원 교육기관	1만 8,990
기타(가사도우미 제외)	9,000

● 부동산 임대 정보

① 임대료 환경

홍콩의 임대료는 매년 전 세계에서 1, 2위를 차지할 정도로 비싼 편이다. 위치나 주변 환경에 따라 차이가 나지만 평균 월 임대료가 일반 주거용 주택은 1평당 최저 한화 20만 원이고, 상업용 점포는 최저 30만 원이다. 하지만 홍콩 정부가 지은 공공주택의 임대료는 비교적 저렴한 편으로 월 8만 원 정도면 된다. 무주택자인 홍콩 시민이면 누구나 신청 가능하다.

② 임대 계약 조건

주거용 주택이나 상업용 점포 상관없이 2~3개월치 보증금과 임대료 1개월
치 선불이 일반적인 조건이다. 계약 기간은 보통 2년이다. 계약 시 여권이나
홍콩 아이디 카드를 제시하면 되고 임대 조건에는 비자 유무가 필요 없다.
법적 효력은 계약과 동시에 열쇠를 받으면 발생한다. 단, 임대 시작 전 1~3
주의 인테리어 기간은 면제받는다.

③ 계약 방법

임대 거래 시에는 부동산 중개소를 통하는 것이 일반적이다. 소개비는 보통
월 임대료의 100%이지만, 일부는 50%만 받기도 한다. 임대인과 임차인이
반반씩 내는 것이 관행이다. 점포 임대 시에는 통상 계약 전에 만료 후 연장
기간에 대해 미리 합의하고 계약서 하단에 특약으로 기입한다. 기간은 1년
부터 5년까지 다양하고 합의 내용은 특별한 변수가 없는 한 잘 지켜지는 편
이다.

④ 임대 시 특이 사항

우리나라처럼 권리금은 없다. 간혹 같은 업종일 경우 시설 및 집기 인수 시
정산하여 처리하는 경우도 있다.
그리고 일반적으로 계약 전에 임대 장소, 점포를 임대인와 임차인이 서로 사
진을 찍는데 그것은 계약 만료 시에 처음 계약할 당시와 같은 상태로 돌려놓
아야 하기 때문이다. 하지만 그전에 제3자에게 점포를 인도하거나 특약으로

임대 점포를 원상태로 돌려놓지 않아도 된다는 조건을 넣을 수도 있다.

또한 차향(差餉)이라는 세금 제도가 있는데, 우리나라의 건물 보유세 또는 부동산 소유세에 해당된다. 부동산의 규모에 따라 정부가 일괄적으로 정한 금액(평균 10만 원 미만)을 매월 내야 한다. 임차인과 임대인이 반반씩 내기도 하고, 임대인 혼자서 내기도 하므로 계약 당시에 차향을 누가 낼 것인지에 대해 협의가 이루어져야 한다.

부동산 계약서

正式租約

立租約人・業主 以下簡稱甲方，租客 以下簡稱乙方；茲經雙方同意訂立一以條件分列於后各願遵守：

（一）甲方將香港/九龍/新界　街/道　號　即　　大廈第　期　座　字樓　　室租與乙方雙方訂定租金
每月港幣 ＿＿＿ 萬 ＿＿＿ 仟 ＿＿＿ 佰 ＿＿＿ 圓正(收租時另發租單爲憑)
訂明租用年由
＿＿ 年 ＿＿ 月 ＿＿ 日起
＿＿ 年 ＿＿ 月 ＿＿ 日止

定租戶在租用期內不得退租否則按照所餘租期之時間計算租金。

（二）訂明乙方不得分租或轉租與別人除所租用之樓宇外其他地方不得佔用租約期滿住客如若繼續租實或退租須於壹個月之前以書面通知(續租則另訂新約方生效力)。

（三）該樓之租金必須在每月租期之首星期內上期繳納不得藉詞拖欠如週期拾天乙方仍未能將租金交到甲方或乙方不履行合約內任何條件則甲方有合法之權利將此合約終止另租與別人並追收欠租。

（四）乙方遷出之時必須在租期內將全部傢俬搬走以清手續倘若乙方藉故不交門匙或留下破舊箱櫃等物不予搬走故意阻延時間在乙方遷出後三天以內仍不來取作爲放棄權利論甲方有權不經差館不經租務法庭等手續而僱兩個壹二名見證人將該物出售另行轉租所實之款作爲彌補欠租如有不足之數乙方仍須負責不得異議。

（五）乙方無須交付建築費及項手費與甲方但乙方須交 ＿＿＿ 個月租金之按金即
港幣 ＿＿＿ 萬 ＿＿＿ 仟 ＿＿＿ 佰 ＿＿＿ 圓正
與甲方(另發收條)俟乙方遷出時甲方無息將該款交還與乙方取回收條倘若乙方在租金或其他一切什費未付清時甲方得在該項該金內扣除。

（六）該樓所有之差餉物業稅地租大廈管理費由 ＿＿＿＿＿。

（七）乙方進屋時裝修入牆間格窗花電器冷氣機之乙方遷出時不得拆回以維持該樓原有之齊整如得甲方同意者乙方才可拆回但必須將該樓裝修修完整。

● 지역 임대료(점포 평수와 위치에 따라 차이가 있음)

① A급 지역

지역	업종	평수	층	임대료(월)
몽콕(旺角區)	술집	60	3	1,000만 원
몽콕(旺角區)서비스업	음식점	65	1	1,800만 원
침사추이(尖沙咀區)	레스토랑	30	1	1,650만 원

② B급 지역

지역	업종	평수	층	임대료(월)
챈완(荃灣區)	테이크아웃 전문점	10	1	300만 원
다이곡주이(大角咀區)	디저트 전문점	25	1	500만 원
다이곡주이(大角咀區)	제과점	25	1	650만 원

● 업종별 창업 과정

① 요식업

– 허가 조건

음식점(요식업)은 주방 허가가 나온 점포만 영업이 가능하다. 주방 허가는 주방 시설을 낼 수 있거나 용도 변경이 가능한 곳에만 내 준다. 일반 점포에서는 용도 변경이 불가능하여 주방 시설을 만들어도 요식업 허가가 안 나온다. 그러므로 점포 임대 시 주방 허가가 나왔는지를 반드시 확인해야 한다.

- 요식업 창업 절차

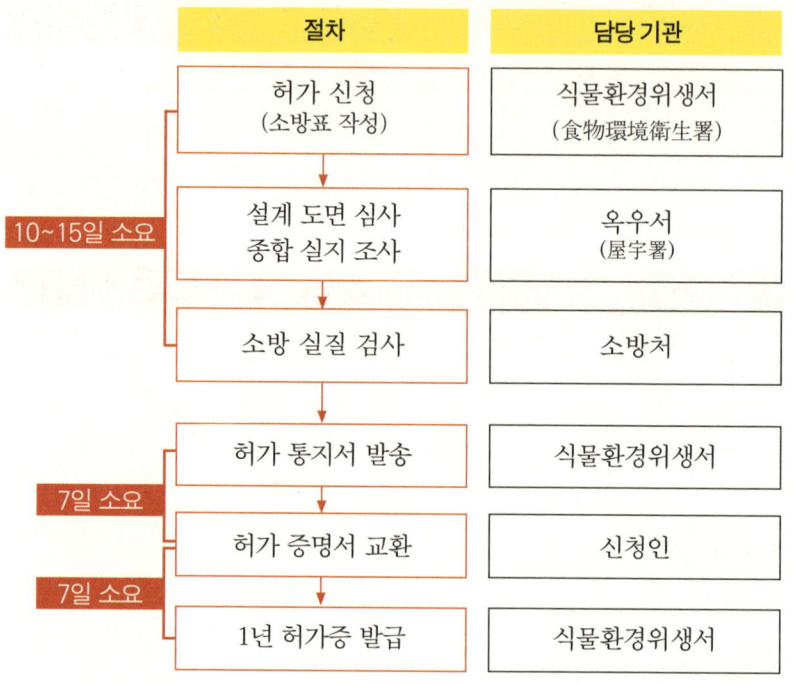

절차	담당 기관
허가 신청 (소방표 작성)	식물환경위생서 (食物環境衛生署)
설계 도면 심사 종합 실지 조사	옥우서 (屋宇署)
소방 실질 검사	소방처
허가 통지서 발송	식물환경위생서
허가 증명서 교환	신청인
1년 허가증 발급	식물환경위생서

10~15일 소요

7일 소요

7일 소요

② 숙박업

- 허가 조건

정식으로 허가를 받으려면 9인실 이상과 규정에 맞는 소방 시설을 갖추어야 한다. 소방 시설은 방화재 및 불연재로 정부 규격품을 사용해야 한다. 소방 안전 검사를 실시하는 데 가장 중요한 점검 사항은 방과 방 사이의 통로가 미음자이거나 미로 형태가 아닌 직선이나 기역자 형태로 만들어져야 한다는

홍콩에서 창업 전에 꼭 알아야 할 정보

것이다.

– 숙박업 창업 절차

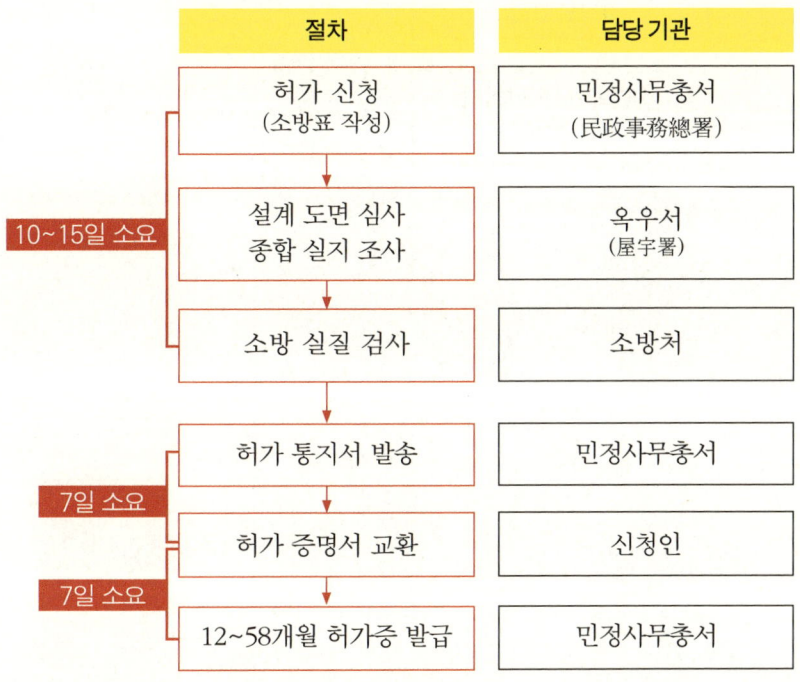

절차	담당 기관
허가 신청 (소방표 작성)	민정사무총서 (民政事務總署)
설계 도면 심사 종합 실지 조사	옥우서 (屋宇署)
소방 실질 검사	소방처
허가 통지서 발송	민정사무총서
허가 증명서 교환	신청인
12~58개월 허가증 발급	민정사무총서

10~15일 소요 (허가 신청 ~ 소방 실질 검사)
7일 소요 (허가 통지서 발송 ~ 허가 증명서 교환)
7일 소요 (허가 증명서 교환 ~ 12~58개월 허가증 발급)

③ 일반 판매업

– 허가 조건

특별한 조건 없이 일반 개인 사업자 또는 법인 사업자 등록을 한 후 개점하면 된다.

-일반 판매업 창업 순서

절차	담당 기관
개인회사, 법인회사 등록 신청	회사등록처
개인회사, 법인회사 등록증 발급	

1장

특화된 전문점이 살아남는다

군것질거리도 구멍가게에서 팔면 평범한 일반 상품에 불과하지만 전문점 형태를 띠면 전문 상품이 된다. 이에 따라 상품에 대한 신뢰가 쌓이고 동시에 상품의 집중화로 구입 단가의 비용 절감이 된다. 이것은 경쟁력으로 이어진다. 그래서 요즈음 홍콩에서는 과자 한 품목을 팔더라도 전문점 형태로 팔아야 할 정도이다.

item01 | 홍콩에서의 성공을 부르는 창업 아이템 |

군것질거리도 전문점 창업을 해야 성공한다 | **간식 전문점**

· 759阿信屋

주소 九龍城廣場 LG07號舖
전화번호 3960 9412
영업시간 오전 9시~오후 10시
주요 사업 한국 및 일본 간식 판매

광둥어로 군것질거리나 간식을 '링색(零食)'이라고 한다. 한자 풀이를 하면 '먹어서 아무 영양가가 없는 식품'이라는 뜻이다. 이런 영양가 없는 군것질거리도 한군데에 모아서 팔면 신뢰하는 전문점이 된다.

홍콩 또한 일반 편의점에서도 간식을 판매하고 있으니 이 말이 언뜻 이해가지 않을 수도 있다. 하지만 우리나라 편의점에서도 빵을 판매하고 있지만 소비자들은 전문점인 제과점에 가서 사는 경우가 더 많다는 사실을 떠올리면 된다.

그래서 군것질거리도 여러 제품과 함께 팔면 평범한 한 제품에 불과하지만 한곳에 모아서 팔면 전문 상품이 된다. 이는 상품에 대한 신뢰와 경쟁력으로 이어지고 동시에 상품의 집중화로 구입 단가의 비용이 절감된다. 그래서 홍콩에서는 과자 한 품목을 팔더라도 전문점 형태로 팔아야 할 정도다.

홍콩의 간식 전문점은 개인이 운영하는 독립형과 프랜차이즈를 통해 가맹점으로 가입하는 방식이 있다. 현재 대표적인 간식 소매 전문점으로는 759아신옥(759阿信屋), 영식물어(零食物語)가 있다. 759아신옥과 영식물어는 둘 다 일본 식품 전문 수입 회사인 사천그룹(四洲團)의 자회사인데, 각각 1997년과 2010년에 창업하였고 2012년 현재 53개, 102개의 가맹점이 있다.

영식물어는 제품이 가장 많은 간식 전문점, 759아신옥은 제일 싼 가격에 파는 간식 전문점이라는 투 트랙 운영 전략을 썼다. 그 결과, 759아신옥이 시장에서 우위를 차지하였다. 현재는 759아신옥 위주로 확장하고 있다.

759아신옥이 얼마나 싸게 파는가 하면 홍콩 코카콜라 지사가 시장 가격을 혼란스럽게 한다고 하여 공급을 중단했을 정도다. 싸게 파는 것으로는 어느 곳도 사실 비교가 안 된다. 편의점에서는 보통 코카콜라를 7홍콩달러에 팔고 있지만, 759아신옥은 3~4홍콩달러에 판다. 그래서 지금까지도 코카콜라와 기 싸움을 하고 있다. 하지만 홍콩은 병행 수입이 가능하므로 중국을 통해 공급받고 있다.

또한 759아신옥은 일부러 일반 편의점 옆에 개점하는 독특한 전략을 펼쳤다. 이것은 편의점 고객을 흡수하겠다는 전략이다. 간식 전문점이 편의점 옆에 있으면 굳이 고객 확보에 별다른 노력을 기울이지 않아도 되는 유리한 점이 있다.

실제로 1차로 편의점을 방문하였던 손님들은 대부분 2차로 옆에 위치한 간식 전문점을 선택하는 경향이 많았다. 이런 흡수 전략은 759아신옥이 편의점을 경쟁 업체로 보기보다는 상호 보완 업체로 인식하고 있다는 것을 알 수 있다.

이렇게 자본의 규모가 어느 정도 있는 회사들도 간식 전문점에 뛰어드는 것은 한마디로 돈이 되기 때문이다. 간식만큼 재구매율과 소비 회전율이 빠른 것이 없다. 그래서 단가는 낮지만 일정한 매출액이 보장되는 간식 전문점은 기업뿐만 아니라 개인 창업자들도 선호하는 업종이다. 이것이 홍콩 곳곳에 간식 전문점들이 많이 있는 이유다.

홍콩의 간식 식품은 그동안 일본산이 주를 이루었지만 후쿠시마 원전 사고 이후 한국산으로 급선회하고 있는 중이다. 또한 한류 바람 덕분에 한국 제품에 대한 선호도가 높아져 있는 상태다. 그래서 지금이야말로 한국인의 창업이 절대적으로 유리하다. 더군다나 아직까지는 759아신옥과 일부 한인 식품점에서만 한국산 제품을 판매하고 있을 뿐 그것만을 집중적으로 파는 전문점은 없는 상태이다. 그래서 한국 제품을 전문적으로 다루는 간식점을 창업하면 경쟁 상대가 없어 운영이 쉬울 수 있다.

간식 전문점은 20평 미만의 점포를 임대하여 약간의 인테리어를 하고 제품을 공급받으면 끝났다고 할 수 있을 정도로 창업 방식이 간단하다. 제품은 서울 청량리 깡통시장에서 주문하거나 간식별로 대리점과 협의해 받을 수 있다. 외국인에게 진입 장벽이 없는 것이 가장 큰 특징이다. 더불어 다른 업종에 비해 전문 지식이나 경험이 필요 없다. 그래서 그냥 홍콩인들이 하는 대로 똑같이 따라 하면 된다.

우리나라의 대표적인 즉석 김밥집 '김가

네'도 명륜동에 있는 15평짜리 작은 가게에서 '김밥 전문점'이라는 타이틀로 출발하여 지금의 성공을 이루었다. 개인 소매업의 '전문점 창업'은 선택이 아닌 '필수'로 생각해야 한다. 그중에서 간식 전문점은 외국인이 운영을 해도 쉬울 정도이면서 일정 매출이 나오는 창업 아이템이라 할 수 있다.

창업 자금 분석

(A급 위치, 10평)

	임대료(2개월치 보증금+1개월치 선납)	1,500만 원
	상품 구입비(상품에 따라 비용 변동)	1,200만 원
	인테리어비(냉장 진열장 포함)	1,900만 원
+	잡비(부동산 소개비 포함)	300만 원
●	합계	4,900만 원

월 순수익 분석

	매출액	2,500만 원
−	임대료	500만 원
	인건비(직원 1명, 파트타임 1명)	280만 원
	제품 구입비(매월 평균)	1,200만 원
	잡비(관리비, 공과금 등)	150만 원
●	순수익	370만 원

한국인 창업 지수

안정성	★★★★	투자성	★★
수익성	★★★	위험성	★★
시장성	★★★	운영성	★★★

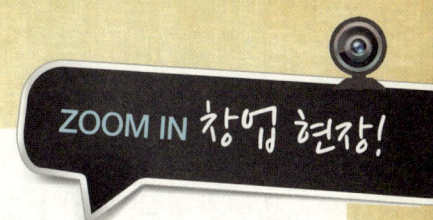

1 간식은 남녀노소 누구나 좋아한다.
2 간식 전문점에서 파는 간식류

창업 Point

간식 전문점은 상품 구성이 성공 여부를 좌우한다. 따라서 창업 입지를 지나다니는 주 고객에 대한 분석 및 기호를 먼저 조사해야 한다. 또한 경쟁 상대인 편의점의 상품을 비교 분석해야 한다.

Tip

간식 전문점 입구는 개방형으로 되어 있다. 그래서 손님이 무엇을 사겠다는 계획을 갖고 들어오기보다는 무심코 들어왔다가 충동구매를 하는 경우가 많다.

item02 | 홍콩에서의 성공을 부르는 창업 아이템 |

고정관념을 깨라 | 고급 도시락 전문점

• 便當工房

주소 金鐘遠東 金融中心 地下 D鋪
전화번호 2804 1111
영업시간 오전 11시~오후 8시
(일요일은 오전 11시 30분~오후 7시 30분)
주요 사업 대만식과 일본식 도시락 판매

창업하면 흔히 음식점을 떠올릴 만큼 음식점 장사를 쉽게 생각한다. 문제는 음식점 장사가 예전에 비해 비용이 많이 들어 기대만큼 수익이 나지 않는다는 것이다. 거기에 더하여 인테리어, 가격, 서비스 등이 시스템화되어 있지 않으면 경쟁 자체를 할 수 없는 것이 현실이다.

그래도 굳이 음식점 관련 창업을 해야겠다고 결심했다면 그 대안으로 생각해 볼 수 있는 것이 도시락 장사라 할 수 있다. 도시락 사업이 좋은 아이템이면서도 별 주목을 받지 못하는 이유는 박리다매라서, 수익률이 적을 것이라는 선입견 때문이다. 하지만 사실은 음식점 장사 중에서 가장 속편한 장사이고, 수익률도 무시하지 못한다.

중화권에서 도시락 전문점이라고 말할 수 있는 형태의 사업 원조는 대만이다. 우리나라의 서울역 같은 곳인 타이베이 훠처잔(火車站)에 있는 한 가게에서 기차를 타려고 기다리는 승객들에게 도시락을 팔면서 유래되었다. 지금도 '추억의 도시락'이라는 타이틀로 팔고 있는데 무척 잘 팔린다. 대만인들은 '아, 예전에 먹던 도시락!' 하면서 추억을 떠올리며 입가에는 맛을 안다는 듯이 엷은 미소를 지으며 사 간다. 하지만 대만 역시 일본의 경제 영향권에 있어 엄밀히 말하면 '일본 도시락'을 벤치마킹한 것이다.

홍콩은 우리나라 분식점 같은 곳에서 밥 위에 소고기, 닭고기, 돼지고기 등을 얹은 덮밥 같은 도시락을 일회용 포장에 담아 테이크 아웃 형식으로 판매한다. 먹을 만하지만 저렴한 가격에 팔다 보니 음식의 디스플레이와 포장 상태가 별로 좋지 않다.

그래서 먹을 때마다 '왜 음식의 디스플레이와 포장 상태를 안 바꾸지?'라는 뻔한 의문이 들곤 하였다. 지출을 최대한 줄이려다 보니 포장 및 음식 디스플레이에 신경 쓸 여력이 없는 게 아닐까. 그런데 '도시락은 싸고 음식의 질도 낮다'는 고정 관념을 바꿔 버린 도시락 집이 생겼다.

도시락 전문점 '편당공방(便當工房)'은 음식의 맛과 포장을 고급화하는 대신에 가격은 중저가라는 전략을 세웠다. 편당공방에서는 호텔의 고급 전문 도시락처럼 나무 도시락 용기를 사용하고 식욕이 돋게 음식 색깔에 맞춘 과일 등을 사이드 메뉴로 팔고 있다. 이 때문에 항상 줄을 서서 사가야 할 정도로 장사가 잘된다.

편당공방의 사장인 메이(MAY)는 캐나다에서 대학을 졸업하고 홍콩의 한 은행에서 근무하다 30세 전에 꼭 창업을 하겠다고 마음먹었다고 한다. 그때 생각한 것이 음식점 사업이었는데, 당시에는 창업 자금이 부족하여 도시락점을 염두에 두었다고 한다. 메이는 '고급 도시락 전문점'이라는 콘셉트로 차별화를 시도하고자 하였다. 또한 무턱대고 창업을 한 것이 아니라 요리를 제대로 배우기 위해 홍콩의 유명한 프랜차이즈 음식점과 대만에서 근무하는 등 오랜 시간 준비를 했다. 그냥 단순하고 막연하게 '도시락 장사나 해 볼까?'라고 생각해 시작한 것이 아니라는 뜻이다.

메이는 홍콩에서도 임대료가 비싸다고 알려진 중환(中環)이라는 지역에 가게를 오픈하였다. 임대료가 비싼 중심지에서 도시락 가게를 오픈하는 역발상을 한 것이다. 월 임대료로 800만 원을 지불한다고 하면 한국인의 입장에서는 이해가 안 될 수도 있다.

하지만 홍콩인과 한국인의 창업 개념에는 약간의 차이가 있다. 한국인들은 창업할 때 '예상 수익', 홍콩인들은 '자본 회수 기간'을 고려해 아이템을 고르는 경향이 있다. 그래서 홍콩인들은 아무리 비싼 임대료를 지불하더라도 빠르게 자본을 회수할 수 있다고 판단되면 그것을 선택한다.

중환은 금융권이 몰려 있고 해외 관광객이 항상 모여 있는 곳으로 우리나라의 여의도 같은 곳이다. 메이는 금융권 종사자들이 입맛이 까다롭고 고급화를 지향하면서도 바쁜 일정 탓에 외출 시간을 줄이려고 테이크아웃을 선호한다는 성향을 파악한 것이다.

또한 편당공방은 '도시락은 싸구려가 아니라 고급 음식'이라는 인식을 심어 주기 위해 일회용 플라스틱 포장을 배제하고 직접 대만에서 들여온 나무 용기를 사용하였다. 일회용 나무 용기를 사용한다는 건 사업자 입장에서는 결정하기 쉽지 않은 부분이다. 왜냐하면 당연히 비용 증가가 발생하기 때문이다. 또한 좋은 포장을 한다고 해서 이것이 매출 증대로 이어진다는 보장도 없다. 따라서 대부분은 포기하게 마련이다.

그러나 편당공방은 과감히 고급 포장으로 바꾸었다. 그러자 고객도 그에 비례하여 늘어났다. 그 이유가 요즈음 고객들은 싸구려가 아닌 깨끗하고 고급스러운 것을 원한다는 트렌드와 일치하기 때문이라는 분석이 나왔다. 결국 고객들은 돈을 더 주고서라도 위생적이고 고급스러운 먹거리를 원한다는 것이 입증된 셈이다.

편당공방의 주 메뉴는 홍콩인들이 좋아하는 돼지고기다. 가장 많이 나가는 것은 주파이판(猪排飯)인데, 우리가 자주 먹는 돈가스와 비슷한 음식이다. 그다음으로 많이 나가는 것은 닭고기이고 소고기는 가장 적게 팔린다. 홍콩 사람들은 소고기보다 돼지고기를 좋아하고 냉동보다 생육을 바로 조리해 주는 것을 좋아한다. 그 덕분에 점심시간에만 평균 200개 정도의 도시락이 나가는데 이때의 매출만으로도 이미 손익 분기점을 넘기고 있다.

저가 상품일수록 지출을 줄이려고만 하지 말고 지출을 늘려서라도 매출을 극대화시키는 역발상이 필요하다. 무조건 싸다고 잘 팔리는 것이 아니고 음식의 디스플레이, 포장의 차별화를 해야만 팔리는 시대이기 때문이다.

도시락 음식업의 차별화는 무궁무진하다. 더욱이 한국 음식을 좋아하는 홍콩인을 대상으로 한국 음식만을 전문적으로 판매하는 도시락 사업을 하면 승산이 있을 것이다.

창업 자금 분석

(A급 위치, 10평)

	임대료(2개월치 보증금+1개월치 선납)	2,340만 원
	시설비	1,200만 원
	인테리어비	1,300만 원
	식품 구입비	500만 원
+	포장, 잡비	200만 원

● 합계   5,540만 원

월 순수익 분석

	매출액	4,000만 원
−	인건비(직원 4명, 파트타임 2명)	1,500만 원
	재료 구입비	1,000만 원
	잡비	150만 원
	임대료	800만 원

● 순수익   550만 원

한국인 창업 지수

안정성	★★★	투자성	★★
수익성	★★★	위험성	★★
시장성	★★★	운영성	★★

ZOOM IN 창업 현장!

1 점심시간이면 항상 줄을 서서 사가야 할 정도로 손님이 많다.
2 호텔의 고급 도시락처럼 나무 용기를 사용하였다.

**창업
Point**

홍콩 도시락 가게의 규모는 보통 8평 미만이다. 한국식과 홍콩식을 섞은 퓨전식 메뉴
와 아침 메뉴를 개발하면 좋을 것 같다.

Tip

현재 홍콩에는 한국 식당이 이미 많이 있고 지금도 계속해서 증가하는 추세에 있다.
하지만 한국 음식을 전문으로 하는 도시락 전문점은 없기 때문에 경쟁력이 있다.

item03 | 홍콩에서의 성공을 부르는 창업 아이템 |

홍콩에서 제일 쉬운 사업 | 생과일주스 전문점

• 老地方

주소 經筲箕灣東大街 54號
전화번호 N/A
영업시간 오전 9시~오후 10시
주요 사업 생과일주스 판매
(1,800원~2,500원)

홍콩 소상공인들이 유독 선호하는 업종이 있는데, 바로 '생과일주스 전문점'이다. 생과일주스 가게는 비알코올음료 판매업으로 분류돼 특별한 기술이 필요 없고, 소자본으로도 창업이 가능하기 때문이다.

홍콩의 여름은 무덥고 습한 날씨여서 수분 섭취가 필수적이다. 그래서 거리 곳곳에 있는 생과일주스 전문점은 사람들에게 수분 공급처 역할을 한다.

홍콩인들은 '생과일주스 전문점'을 지아오인인(脚印印)이라 말하는데 직역하면 '발 도장을 찍는다'라는 뜻이다. 사람들이 가게를 그냥 지나치지 않고 출석하듯 사 먹는다고 하여 붙여진 이름이다. 그래서 생과일주스 전문점을 열기만 하면 돈을 번다는 인식이 홍콩인들 사이에 널리 퍼져 있다. 그만큼 창업하는 데 진입 장벽이 없고 투자 대비 수익률이 높아 외국인에게 안정적인 사업 아이템이다.

예전에는 대부분의 생과일주스 전문점들이 점포의 한 벽면에 믹서기와 생과일 박스들을 들여놓은 채 영업을 했다. 그러다 보니 약간 불결한 위생 상태를 지적받기도 했는데, 지금은 깔끔한 인테리어로 바꾼 가게가 많아졌다.

홍콩 섬 끝자락의 샤우케이완(筲箕灣)에 있는 노지방(老地方) 생과일주스 전문점은 2009년에 오픈하였다. 노지방은 이 지역에서 꽤 유명한데, 그 이유가 사장인 데이비드(David)가 호주 사람이면서 영어 교사였다는 이력 때문이다. 좋은 직업이라고 할 수 있는 영어 교사를 관두고 생과일주스 전문점을 한다는 것이 홍콩 사회에서 특이하게 받아들여진 것이다.

데이비드는 왜 영어교사를 관두고 생과일주스 전문점을 창업할 생각을 했을까? 사실 이유는 그다지 특별하지 않다. 단순한 운영 방법과 일정 수익을 예상할 수 있다 보니 외국인 입장에서는 훨씬 더 안정적이라고 생각했기 때문일 것이다.

점포 평수와 지역에 따라 차이가 있지만 생과일주스 전문점의 창업 자금은 5,000만 원을 넘지 않는다. 하지만 데이비드는 3.5평짜리를 7,000만 원에 인수받았다. 홍콩의 창업 환경에 대해 잘 모르다 보니 기존 업주에게 비싸게 넘겨받은 것이었다. 위치나 가게 평수를 보면 비싼 수업비를 낸 셈이라 할 수 있다.

데이비드의 노지방 생과일주스 전문점에서는 망고 주스, 수박 주스, 야채류 건강즙, 유산균 과일 주스 등을 판매한다. 생과일주스 가격은 한 컵당 1,800원에서 2,100원 정도이고, 수익률이 자그마치 70%이다. 그리고 하루 동안 판매되는 수량은 평균 100컵 이상이다. 사실 홍콩의 임대료를 고려했을 때 하루에 100컵을 판매한다고 해서 장사가 잘되는 것이 결코 아니다.

하지만 노지방의 입지로 볼 때는 그리 나쁘지 않은 성적이다. 왜냐하면 노지방의 위치는 앞에서도 이야기했다시피 홍콩 섬 끝자락에 위치하고 있다. 따라서 관광객이 아닌 지역민들만을 유일한 고객으로 봐야 하는 상황이다. 특히 데이비드는 홍콩 생활 9년째지만 외국인이기 때문에 광둥어를 잘하지 못한다. 그래서 직접 대면 운영이 어려워 파트타임 2명을 교대로 근무시키고 있다. 그래도 매장이 무리 없이 잘 운영되는 것은 특별하진 않지만 대중적인 아이템인 생과일주스 전문점이기 때문이다.

생과일주스 전문점도 약간의 운영 노하우가 필요하다. 특히 과일 유통 기한에 대한 지식이 있어야 하는데, 데이비드도 처음에는 이것을 잘 몰라 버린 과일이 많았다고 한다. 또한 홍콩은 작은 도시이지만 지역에 따라 판매 가격이 약간씩 차이 나는데 지역성을 무시하고 가격을 높게 잡는 시행착오도 있었다고 한다. 하지만 창업 3년째인 지금은 투자 자금을 이미 회수하고, 구룡 지역에 분점을 준비하고 있을 정도로 성공하였다.

생과일주스 전문점은 평범하지만 남녀노소 구분하지 않고 모든 사람들에게 판매할 수 있으니 장사가 잘된다. 특히 홍콩 같이 더운 날씨가 연일 이어지는 나라에서는 필수 업종이라 말할 수 있다.

대중적인 아이템은 창업 경쟁이 심하여 인테리어 비용 증가와 가격 경쟁으로 이어져 수익성이 악화되는 것이 보통이다. 그러나 생과일주스 전문점은 담배 가게와 같은 필요적 상품과 유사하다고 할 수 있다. 즉 담배는 소비자의 필요에 의해서 판매되는 형태이다 보니 어떠한 서비스도 필요 없고 특별한 판촉 수단을 동반할 필요도 없다.

그래서 홍콩의 생과일주스 전문점은 다른 업체와 경쟁하기보다는 하루에 100컵 이상 나갈 수 있는 장소인지가 첫째 조건일 정도로 일반 창업과는 상황이 다르다고 할 수 있다.

생과일주스 전문점은 홍콩에서 창업하려는 한국인에게 가장 많이 권하는 아이템 중 하나이다. 리스크가 적고 특별한 기술이 필요 없기 때문이다. 그리고 무엇보다도 일정한 수익이 보장된다.

데이비드처럼 판매를 담당하는 파트타임 직원을 두면서 주 단위나 월 단위로 체크만 하면 될 정도로 운영 방식 또한 쉽다. 그래서 초보 창업자에게도 꼭 알맞은 아이템이라고 할 수 있다.

창업 자금 분석
(A급 위치, 10평)

임대료(2개월치 보증금+1개월치 선납)	1,050만 원
시설비(믹서기 포함)	800만 원
인테리어비	1,200만 원
과일 구입비	100만 원
+ 잡비	75만 원
● 합계	3,225만 원

월 순수익 분석

매출액	1,800만 원
− 임대료	350만 원
식품 구입비	500만 원
인건비	460만 원
잡비(공과금 포함)	180만 원
● 순수익	310만 원

한국인 창업 지수

안정성	★★★	투자성	★★
수익성	★★★	위험성	★★
시장성	★★★★	운영성	★★★★

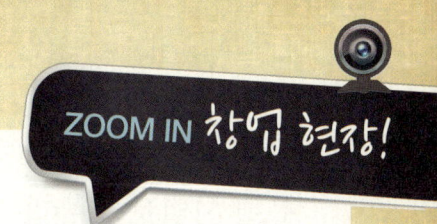
1 메뉴판에 주 품목인 망고 주스를 부각시켰다.
2 생과일주스 전문점도 하루 동안 100컵 이상이 나갈 수 있는 장소인지가 첫째 조건이다.

창업 Point

홍콩 사람들은 대부분 아침 식사를 사 먹는다. 따라서 김밥처럼 간단하면서도 테이크아웃으로 먹을 수 있는 음식을 아침 식사 대용으로 만들어 팔면 차별적인 운영이 가능하다.

Tip

홍콩은 습기가 많은 지역이므로 과일을 실외에 보관할 경우 유통 기간이 그리 길지 않다. 따라서 이 기간을 염두에 두고 구입량을 조절해야 한다. 또한 계절에 따라 수익 차이가 많다.

유행 사업보다 유망 사업을 하자 | 유기농 전문 편의점

• O Farm

주소 黃埔新村紅磡商場19號B舖
전화번호 2954 0330
영업시간 오전 11시~오후 9시
주요 사업 유기농 식품 판매

　5~6년 전쯤에 우리나라에서 유기농 식품이 유행한 적이 있다. 여전히 식품 코너의 한구석을 차지하고 있지만 지금은 그때만큼의 열기가 느껴지지 않는다. 유기농 식품이 우리나라에서 자리를 잡지 못한 것은 시장 자체가 아직 제대로 형성되어 있지 않기 때문이다.

　소비자 입장에서는 사 먹고 싶지만 가격이 부담되고, 판매자들은 소비 계층 형성이 제대로 안 되어 있으니 판매를 적극적으로 하지 않는다. 또한 수확한 유기농 작물의 판매 유통 구조가 제대로 없다 보니 대부분은 일본, 미국 등으로 수출되는 실정이다.

　그에 반해 홍콩의 유기농 식품은 이미 창업 아이템으로 자리를 잡을 정도로 성장하였다. 홍콩 외곽을 가도 유기농 식품 편의점, 유기농 과일 가게 등이 곳곳에 있다. 홍콩이라고 유기농 식품이 비싸지 않은 것은 아니다. 다만 소득 수준에 따른 구매 능력이 감내할 수 있을 정도이다 보니 우리나라보다 좀 더 대중화된 편이다.

창업은 아이템 싸움이라고 해도 과언이 아니다. 처음부터 단추를 잘못 끼우면 허공에 돈 뿌리는 것과 같다. 그만큼 아이템 선택에 신중해야 한다. 그래서 창업은 당장 할 수 있는 창업, 소자본 창업, 평생 할 수 있는 창업 등 여러 아이템을 분석 조사해 가면서 좋은 아이템을 찾아야 한다. 그런 면에서 '유기농 편의점'은 가까운 미래를 보고 지금부터 준비해야 하는 아이템이다.

홍콩에 가면 '오 팜(O Farm)'이라는 유기농 편의점이 곳곳에 있다. 오 팜의 대표 렉스(Rex)는 개인 회사로서는 처음으로 2009년에 유기농 편의점을 시작했다. 그의 창업 방식은 조금 남달랐다.

렉스는 유기농 식품이 이른 시간 내에 홍콩에서 대중적 식품군으로 자리 잡을 수 있다는 판단 하에 프랜차이즈를 생각하고 약 4억 5,000만 원의 자본금을 들여 동시에 6개 지점을 오픈하는 전략을 구사하였다. "소득 수준이 높아지면 일상생활이 건강 중심으로 흘러가는 사회가 된다."는 그의 시장 예측은 정확히 들어맞아 3년 만에 23개 분점으로 확장되었다.

오 팜은 2013년 현재 300여 종류의 유기농 식품을 판매하고 있다. 미국, 유럽, 대만 등에서 유기농 식품을 공급받고 있으며, 그중에서 70% 이상은 대만산이다(대만은 22년 전부

터 유기농 식품을 전문적으로 수출하여 품질이 우수할 뿐만 아니라 종류도 많다).

또한 오 팜은 기존의 유기농 시장에서 없던 편의점 형태의 운영 방식을 채택해 시장을 선점하였다. 그래서 홍콩에서 유기농 편의점하면 '오 팜'이라는 이미지를 각인시키는 데 성공하였다.

오 팜은 개인 창업자도 미개척 시장에서 선도할 수 있다는 가능성과 시장 선점이 어느 정도로 중요한지를 보여 주는 단적인 사례다. 또한 투자금 정도의 차이는 있겠지만 개인 창업자도 기업과 경쟁할 수 있다는 자신감을 준다.

유기농 시장은 계속 개발될 시장이기 때문에 창업자들은 이런 미래 유망 아이템의 기회를 잡기 위해서는 지금 뛰어들어야 한다. 유기농 쇼룸(showroom)을 두고 수출 위주로 사업을 하면 큰 시장을 선점할 수 있을 것이다. 우리나라의 유기농 식품 중에서 과일 종류는 경쟁력이 있으므로 생산자와 협력만 잘하면 자본금도 그리 많이 들이지 않으면서 사업화에 성공할 수 있다. 그래서 지금부터 천천히 준비하는 자세로 유기농 식품에 대해 공부할 필요가 있다.

혹자는 지금의 창업 아이템이 중요하지 미래의 아이템까지 알아 두어야 하느냐고 의문을 가질 수도 있을 것이다. 물론 틀린 말은 아니다. 창업을 하려는 사람들이 당장 창업해서 돈을 벌어야지 미래를 생각하며 창업하기에는 시간적, 물리적 여유가 없

기 때문이다.

　그러면 필자는 이런 사람들에게 종종 '낚시터 이론'에 대해 설명해 준다. 낚시터 이론이란 어느 장소에 고기가 많이 낚인다 하면 그쪽으로 모든 사람들이 우르르 몰리는 현상을 말한다. 객관적 판단이나 경력은 무시하고 소문을 근거로 너도나도 낚싯대를 던지는 것이다. 이 낚시터 이론에 따라 창업을 결정하면 실패하는 경우가 많다.

　이런 실패를 하지 않기 위해서는 지금 잘되는 것보다는 앞으로 잘될 수 있는 아이템을 고르는 것이 중요하다. 그런 의미에서 한발 앞선 위치를 선점할 수 있는 유기농 편의점이 답이 될 수 있을 것이다.

창업자금 분석(O Farm 1호점)

* 총 창업자금 4억 5,000만 원에서 1호점 점포 분석

임대료(2개월치 보증금+1개월치 선납)	1,400만 원
인테리어비	1,500만 원
상품 구입비	1,700만 원
POS 시스템 및 CC 카메라	300만 원
+ 잡비	80만 원
● 합계	4,980만 원

월 순수익 분석

매출액	2,500만 원
− 임대료	460만 원
제품 구입비	1,200만 원
인건비(직원 1명, 파트타임 2명)	340만 원
잡비	70만 원
● 순수익	430만 원

한국인 창업 지수

안정성	★★★	투자성	★★★
수익성	★★★	위험성	★★★
시장성	★★★★	운영성	★★★

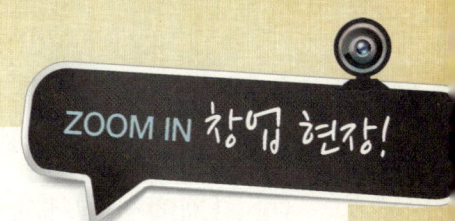

ZOOM IN 창업 현장!

1 오팜에서는 300여 종류의 유기농 식품을 판매하고 있다.
2 유기농 시장은 계속 개발될 시장이다. 그러므로 창업자들은 이런 미래 유망아이템의 기회를 잡기 위해서는 지금 뛰어들어야 한다.

창업 Point

창업 방식은 2가지가 있다. 하나는 가맹점 방식이고, 또 다른 하나는 독립 점포 방식이다. 독립 점포 방식으로 창업할 경우에는 우리나라 유기농 식품을 공급하는 중개업자로 운영하는 것이 좋다.

Tip

홍콩에서는 한국산 딸기가 50% 이상의 점유율을 갖고 있을 정도로 경쟁력이 있다. 이에 유기농 딸기부터 진출하면 선점할 수가 있다.

item05 | 홍콩에서의 성공을 부르는 창업 아이템 |

3평 가게에서 월 1,000만 원을 번다 | 초콜릿 전문점

· Chocolat-ier

주소 尖沙咀河内道18號K11
購物藝術館B2樓7號舖
전화번호 3489 0809
영업시간 오전 12시~오후 10시
주요 사업 각종 초콜릿 판매

소득 수준이 높아지면 먹거리에도 변화가 생긴다. 대중 음식도 좀 더 고급화되고 종류도 세분화되는 것이다. 이를 사업적인 측면에서 보면 '아이템'이 많아진다고 할 수 있다.

그래서 국민 소득이 3만 달러 이상 넘어간 국가의 음식 문화는 좋은 벤치마킹 대상이 된다. 그런 의미에서 홍콩의 음식 문화는 좋은 아이템 시장으로 손색이 없다. 특히 홍콩은 디저트 문화가 많이 발달하여 디저트 관련 아이템이 많이 있다.

홍콩 디저트 시장의 특징은 케이크, 와플, 아이스크림 등 여러 디저트를 한꺼번에 모아서 파는 것이 아닌 단일 품목을 파는 전문점 형태가 많다는 점이다. 그래서 캔디면 캔디, 과자면 과자만을 전문적으로 판다. 그 중에서 홍콩 쇼핑몰 어디를 가도 '초콜릿 전문점'이 꼭 있을 정도로 초콜릿 전문점은 정말 인기가 많다. 그러다 보니 초콜릿 전문점은 소비자가 많이 왕래하는 번화가나 중심지에 많이 개점한다. 그만큼 장사가 잘될 뿐만 아니라 비싼 임대료를 부담 없이 낼 정도로 수익률이 좋은 아이템으로 각광을 받는 것이다.

소자본으로 창업하여 지금은 여러 지역에 분점을 계획하고 있는 초콜릿 전문점 초콜라띠에(Chocolat-ier)의 경우를 살펴보자.

크리스탈(Crystal)은 1년 동안 구매 유통 루트를 만드는 등의 준비 기간을 거쳤다. 그러고 나서 2011년 4,000만 원의 자본금을 갖고 홍콩의 중심가인 침사추이에 있는 K-11 쇼핑몰에 'Chocolat-ier'라는 초콜릿 전문점을 오픈하였다.

하지만 개인이 아무리 준비한다 하더라도 자본의 여유가 없으면 창업 조건이 열악할 수밖에 없다. 크리스탈 역시 자본이 충분하지 않은 관계로 에스컬레이터 밑이라는 형편없는 위치에 자리 잡았다. 더군다나 공간도 3평에 불과하였다. 하지만 이런 핸디캡에도 불구하고 초콜라띠에는 급속도로 성장하였다.

초콜라띠에의 성공은 판매 전략에서 찾을 수 있다. 유럽산 고급 초콜릿을 1g당 1홍콩달러(한화 약 145원)라는 싼 가격에 판매하였다. 우리나라의 소비지수로 환산해 보면 비싼 가격이지만 홍콩의 소비지수로 보면 구매 동기에 영향을 못 미치는 미미한 가격이다. 따라서 다른 초콜릿 전문점에 비해 가격이 경쟁력 있는 요소로 작용할 수 있었다.

또한 다양한 맛을 내는 구슬 모양의 초콜릿을 고객이 마음껏 선택하도록 하였다. 고객 중심의 판매 방법을 채택한 것이었다. 고객들은 초콜릿이 싸다고 생각하여 마음껏 구매하다 보면 부지불식간에 예상 구매 가격을 넘기게 된다. 결국 1인당 구매 단가가 높아지게 되는 것이다.

고객 중심 판매란 고객 입장에서는 주도권을 갖고 있는 듯하여 대우를 받고 있는 느낌이지만 사업자 입장에서는 구매 압력을 가하지 않고도 고객 스스로에게 구매를 유도하게 하는 하나의 판매 전략이다. 대중적인 기호 식품에 이것을 많이 쓰는데 대표적인 예가 백화점의 시식 코너이다.

3평짜리의 초콜릿 전문점 초콜라띠에는 월 매출 3,000만 원에 순수익 1,000만 원이라는 엄청난 수익률을 자랑하고 있다. 창업자라면 당연히 벤치마킹하고 싶은 아이템이지만 이러한 성공의 전제 조건은 시장이 있어야 가능하다는 것이다.

홍콩은 개인의 소득에 따른 구매 능력이 충분히 있고, 연간 4,000만 명 이상의 관광객이 다녀가는 소비 시장이 형성되어 있다. 초콜라띠에 역시 고객의 90% 이상을 여성 직장인과 관광객이 차지하였다.

보통 창업 아이템을 찾으려 할 때 차별화된 것에만 집중하는 경향이 있다. 하지만 초콜릿 전문점 같은 경우는 그보다는 시장에 근거한 대중적 소비 아이템이라고 할 수 있다.

시장의 형성은 그만큼 창업에 있어 중요한 요소이다. 우리나라에서는 아직까지 단일 품목의 디저트 가게를 창업하기에는 시장 환경이 조성되어 있지 않다. 그래서 초콜릿 전문점을 창업하려면 홍콩이 비교 우위에 있다. 거기에다가 특별한 기술도 필요 없고 외국인에게 진입 장벽도 없기 때문에 4,000만 원 정도만 있으면 홍콩에서 창업하는 것이 낫다.

또한 초콜릿은 다른 상품과 달리 자택이나 소규모 작업장에서도 손쉽게 만들 수 있다 보니 개인 창업자가 선호하는 인기 아이템이다. 홍콩은 우리나라와는 달리 초콜릿 전문점에 대부분 기업들이 뛰어들고 있을 정도로 초콜릿 전문점이 활성화되어 있다. 그만큼 홍콩의 초콜릿 소비율이 높다는 증거다.

점포 공간은 5평 이하로 해야 한다. 우리나라처럼 넓은 평수에 초콜릿 전문점을 할 경우에는 상품의 집중도도 떨어지고 고정 지출 경비에도 부담이 많이 가게 된다. 즉 작은 공간의 집중화가 초콜릿 전문점의 경쟁력인 셈이다.

창업 자금 분석

	임대료(3개월치 보증금+1개월치 선납)	1,800만 원
	제품 구입비	1,000만 원
	인테리어비(아크릴 박스, 쇼핑몰 안에 상주하여 비용이 적게 듦)	500만 원
+	잡비(부동산 소개비 포함)	300만 원

● 합계   3,600만 원

월 순수익 분석

	매출액(계절에 따라 약간 다름)	3,500만 원
−	임대료	600만 원
	인건비(직원 3명)	600만 원
	제품 구입비	1,000만 원
	잡비(관리비, 공과금 포함)	250만 원

● 순수익   1,050만 원

한국인 창업 지수

안정성	★★★		투자성	★★★
수익성	★★★★★		위험성	★★★
시장성	★★★★		운영성	★★★★

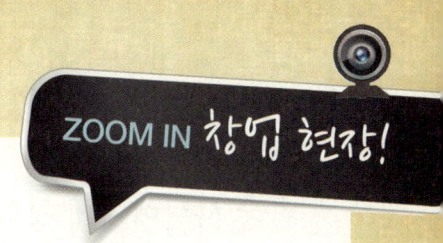
1 다양한 맛을 내는 구술 모양의 초콜릿을 고객이 마음껏 선택하도록 하는 판매 방법을
  채택하였다.
2 90% 이상이 여성 직장인과 관광객이다.

창업
Point

초콜릿 전문점의 규모는 3~5평이면 된다. 작은 크기이므로 경비 절감에도 효과적이
다. 개인이 직접 운영할 경우에는 요즈음 유행하는 수제 초콜릿을 만들어 판매하면
차별화 효과도 볼 수 있다.

Tip

초콜릿 전문점은 진입 장벽이 없고 운영의 특별한 노하우가 없을 정도로 간단한 창
업 아이템이다. 하지만 유통 확보가 절대적으로 중요한 아이템이다. 홍콩의 경우 유
럽 제품 위주로 시장이 형성되어 있고, 제품은 일반적으로 직수입하거나 수입상을
통해 받기도 한다.

item06 | 홍콩에서의 성공을 부르는 창업 아이템 |

한국 사람이기에 창업할 수 있다 | 한국 식품 전문 편의점

• A 韓國便利店

주소 尖沙咀尖沙咀漆咸附近
전화번호 N/A
영업시간 오전 11시~오후 9시
주요 사업 한국 식품 판매

　예전에 호구지책으로 운영되던 구멍가게가 하나둘 편의점으로 바뀌면서 지금은 구멍가게를 찾기도 어려운 상황이 되었다. 서민들의 대표적인 아이템인 '구멍가게' 또한 이제는 대기업을 통하지 않으면 창업하기 힘든 현실이 된 것이다.

　편의점 협회의 통계에 따르면 매년 11%~18% 이상씩 편의점 수가 늘어나고 있지만 한편으로는 17.8%가 폐업한다. 또한 가맹점주의 36%가 퇴직한 일반 회사원으로 나타나는데 그만큼 편의점 창업은 퇴직한 회사원들의 주 아이템이라는 것을 알 수 있다.

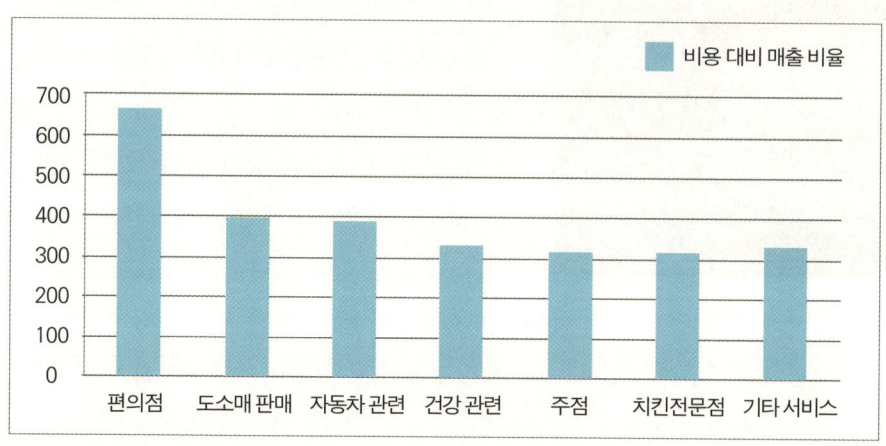

프랜차이즈 업종 수익 분석

■ 비용 대비 매출 비율

출처: 프랜차이즈 가이드

편의점을 창업하는 이유는 운영 관리가 편하고 타 업종에 비해 월 매출이 높기 때문이다. 하지만 인건비, 임대료, 본사 수수료 등을 빼면 순이익은 그다지 많지 않은 구조다. 결국 우리나라에서의 편의점은 좋은 창업 아이템이라고 말할 수가 없다.

홍콩의 경우는 유통업 시장의 경쟁이 더 심한 편이다. 편의점, 기업형 슈퍼마켓(SSM), 드러그 스토어(drug store) 등의 점포들이 100m마다 포진하고 있을 정도로 개인 유통업 환경은 실망스럽다.

더군다나 홍콩은 자유 경제 시장으로 SSM에 대한 규제도 없고 자본의 제약도 없어 개인 스스로 생존 방법을 찾아야 하는 환경 속에 있다. 그래서 창업자들은 일반 편의점과의 차별성을 만들어 낼 수 있는 독립형 편의점으로 승부를 보고 있다.

인테리어, 상품 진열 배치 등은 편의점 형식을 빌리면서 제품에 좀 더 차별화를 두는 전략을 앞세워 프랜차이즈 편의점과 경쟁하는 것이다.

차별화된 편의점은 국제 도시라는 특수한 홍콩의 환경에서 개인이 할 수 있는 창업 아이템을 찾다 보니 자연스럽게 나온 것이다. 홍콩에는 전 세계에서 온 사람들이 이민, 파견 근무 등의 형태로 생활하고 있는데 오래 살다 보면 향수병이 생긴다. 이것을 치료하기 위해 자기가 살던 곳의 음식, 식품을 먹고 싶어 하는데 이런 소비 심리를 놓치지 않고 나온 것이 차별화된 편의점이다. 바꿔 말하면 각 나라별 전문 식품점이라 할 수 있다.

홍콩에는 필리핀, 일본, 태국, 인도네시아, 한국 등의 식품만을 파는 전문 편의점들이 있다. 그 편의점들은 짧게는 5년, 길게는 10년 이상 된 가게들이다. 한곳에서 5년 이상 가게를 하고 있다고 하면 100% 돈을 번다고 봐도 무방하다. 홍콩의 살인적인 임대료 탓에 장사가 안 되면 3년 이상을 버티지 못하기 때문이다.

'신세계'는 처음에 작은 반찬 가게로 시작하여 지금은 홍콩에서 가장 큰 한국 식료품점으로 성장하였다. 이 소문이 한국에까지 알려지자 사람들이 하나둘 홍콩으로 몰려들었다. 이어 한국 음식점까지 모여들어 현재 홍콩의 킴벌리 로드(Kimberley road)는 '리틀 한국 거리'라고 불릴 정도가 되었다. 그만큼 한국 식품 전문 편의점은 홍콩에서는 성공한 아이템이다.

홍콩에 거주하는 교민은 약 1만 5,000명뿐인데, 한국 식료품점은 18개

이상이나 있다. 아무리 보아도 소비 인구 대비 점포수가 균형이 안 맞는다. 그런데도 새로운 한국 식품점은 계속해서 생겨나고 있다. 바로 한류의 영향으로 이제는 홍콩 국민 전체가 소비 고객이 된 것이다. 드라마나 영화에서 본 한국 식품에 대한 호기심이 구매로 이어지고 맛을 본 후 다시 찾는 선순환이 이루어지고 있다.

그 밖에도 홍콩만의 특수한 문화가 한몫을 했다. 홍콩은 식민지 역사와 개방적인 경제 환경으로 인하여 외국 상품, 문물에 대한 선입견이 없고 오히려 경험해 보려는 실험 정신이 강한데 그 덕을 가장 많이 본 것이 한류이고 또한 한국 음식점과 한국 식품점이다.

홍콩의 한국 식품점은 10평 미만을 기준으로 창업 비용이 5,000만 원을 넘지 않으면서도 투자 대비 매출이 높다. 무엇보다도 창업 시 특별한 기술이 필요 없어 진입 장벽이 없다. 가장 큰 이점은 한국 제품이므로 저마다의 특성을 비교적 잘 이해할 수 있어 판매할 때 도움이 된다는 점이다.

필자가 아는 지인이 7년 전 B급 위치에 8평짜리 한국 식품점을 오픈하였다. 이 정도면 홍콩의 일반적인 점포 기준으로 볼 때 무난한 평수이고 위치도 그리 나쁘지 않은 편에 속한다. 초기에는 라면과 포장 김치, 과자 등 일부 식품만을 제한적으로 취급했지만 현재는 800개가 넘는 품목을 취급할 정도로 성장하였다. 월 매출은 평균 2,500만 원을 넘는다. 매출은 일반 편의점과 비교해도 그다지 큰 차이가 없지만 순이익을 보면 사정이 다르다. 우리나라 일반 소매가보다 50~80% 더 높은 가격으로 판매하기 때문에 그런 것이다.

수익적인 측면뿐만 아니라 홍콩 국민들에게 한국의 문화와 식품을 알린다는 자부심으로 한국 식품 전문 편의점에 한 번 도전해 보자.

창업 자금 분석

	임대비(3개월치 보증금+1개월치 선납)	1,800만 원
	인테리어비(냉장고 설비 시설 포함)	1,200만 원
	식품 구입비	1,300만 원
+	잡비(부동산 소개비 포함)	400만 원

● 합계   4,700만 원

월 순수익 분석

	매출액	2,800만 원
−	인건비(부부 운영)	없음
	상품 구입비	1,500만 원
	임대료	450만 원
	잡비(공과금 포함)	200만 원

● 순수익   650만 원

한국인 창업 지수

안정성	★★★★	투자성	★★★
수익성	★★★★★	위험성	★★
시장성	★★★★	운영성	★★★★★

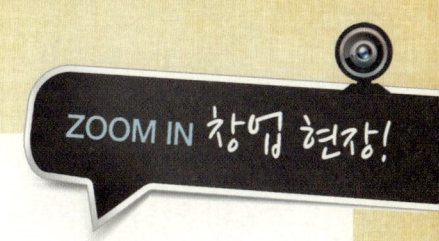

1 홍콩에는 필리핀, 일본, 태국, 인도네시아, 한국 등 각 나라별 제품을 파는 전문 편의점들이 곳곳에 있다.

2 한국산 제품의 특성을 비교적 잘 이해할 수 있어 판매할 때 도움이 된다.

창업 Point

홍콩의 소매업 시장에 맞게 가게는 15평 이내가 가장 좋다. 그리고 일일 매출 소매업이므로 위치에 따라 판매 품목에 변화를 주는 것이 필요하다.

Tip

홍콩에서 한국 식품을 공급하는 회사는 2~3군데가 있다. 초기에는 이 회사들 중 하나를 택해 물건을 공급받을 수 있다. 이후에는 청량리 깡통시장이나 특정 회사 대리점 등과의 현찰 거래를 통해 직접 공급받으면 된다.

노점이 아니라 점포를 창업하자 | 핫도그 전문점

• Just Hot Dog

주소 觀塘成業街的工業大廈 9F. A舖
전화번호 3568 4677
영업시간 오전 10시~오후 6시(일요일 휴무)
주요 사업 핫도그 판매
(핫도그 1,800원, 핫도그 세트 4,800원)

요즈음은 노점을 하려고 해도 1억 원 안팎이 들어간다고 한다. 결국 소자본 창업자는 이제 노점도 못할 정도로 시장에서 서서히 밀려나고 있는 실정이다. 그렇다고 무리해서 은행 대출을 받고 점포 창업을 한다 하더라도 경쟁에서 이길 수 있다는 확신도 없다.

서울시 안에 있는 요식업체 개수가 130명당 1개꼴이라고 하니 수천 만 원씩 들여서 음식점 장사를 한다는 것은 자살행위나 마찬가지다. 그렇다고 소자본으로 할 아이템도 마땅히 떠오르지 않는다. 하지만 이것은 아이템이 없는 것이 아니라 한국이라는 좁은 시장에서만 창업한다고 생각하니 조건에 안 맞는 것이다.

우리나라에서 노점할 자본이 있으면 홍콩에서는 점포 창업을 할 수 있다. 무엇보다도 소비 시장이 크고 소비문화가 발달한 도시여서 오징어 튀김만 잘 팔아도 얼마든지 돈을 벌 수 있다. 젊은 창업자가 노점 아이템인 핫도그를 갖고 점포 창업을 해 돈을 버는 사례를 알아보자.

저스트 핫도그(Just Hot Dog)는 캐나다 유학생 출신의 컴퓨터 프로그래머 앨빈(Alvin)이 창업한 핫도그 전문점이다. 그는 캐나다에서 먹던 핫도그에 대한 추억 때문에 창업을 결심했다고 한다. 판매 상품이 그리 특별하진 않지만 장사가 잘되고 있다. 이는 그만큼 홍콩의 소비 시장이 좋다는 증거다.

일반적으로 홍콩의 창업자들은 5,000만 원 정도의 자금으로 시작하는데, 앨빈 역시 마찬가지였다. 그리고 자신이 해 왔던 일과 일치하거나 비슷한 일들 중에서 찾아 창업을 하는 편이다. 하지만 앨빈은 요식업에 대한 경험이 전무하였기 때문에 꾼통 공업 지역(觀塘工業區) 내에 있는 건물 9층에 점포를 차렸다.

'음식 장사는 장소가 제일'이라는 말이 있을 정도로 위치가 정말 중요한데, 저스트 핫도그는 최악의 위치를 선택한 셈이었다. 거기에서 평범한 아이템인 핫도그를 판다고 하니 우리나라 사람들이 보기에는 망하려고 창업하는 것처럼 보였을 것이다. 하지만 홍콩인들은 음식점의 규모나 위치, 인테리어에 그리 신경 쓰지 않는 편이다. 그래서 이런 홍콩 사람들의 식문화를 익힌 앨빈이 그런 위치에서 창업한 것은 어쩌면 당연한 일이었다.

홍콩인들은 점심과 저녁 사이에 간식을 먹는 것이 보편화되어 간식 장사가 잘되는 편이다. 그래서 소규모 창업자들은 간식 아이템 중에서 골라 창업하는 경우가 많다.

물론 저스트 핫도그가 그냥 장사가 잘되는 것은 아니다. 앨빈은 처음에 홍보지 영업을 하였는데 홍보지를 가져오는 손님에게는 핫도그 가격을 50% 할인해 주고 홍보지가 없는 손님에게는 1+1 전략을 펼쳤다. 일단 무

조건 많이 팔기 위해 저렴한 가격과 덤을 주는 판매 방법을 쓴 것이었다. 홍콩에서 1,450원으로는 아무리 간단한 음식이라도 사 먹기가 쉽지 않다. 그 점에 착안해 저스트 핫도그는 가격을 1,800원으로 저렴하게 책정하였다.

또한 3~5시 티타임 시간에 오는 손님에게도 할인된 가격으로 핫도그를 판매해 고객을 의도적으로 집중시켰다. 이는 판매의 극대화를 꾀한 전략이었다. 동시에 예상 판매량에 맞게 재료를 구매하여 경비를 절감하였다.

이후 고객들 사이에 소문이 나면서 일부러 먹으러 오는 손님이 줄을 서 있는 풍경이 연출되었고 그 모습이 고객들의 트위터나 페이스북 등 SNS에 올려지면서 자연스럽게 홍보가 되었다. 이에 언론에서도 관심을 갖고 취재를 나와 그다음부터는 홍보가 필요 없을 정도로 장사가 더 잘되었다.

저스트 핫도그는 2013년 3월 현재 장군오(將軍澳) 지역에 있는 동항성광장(東港城商場)에서 2호점을 개점해 본점과 통합하였고 프랜차이즈를 준비 중에 있다.

저스트 핫도그의 경우를 보면 홍콩의 요식업 문화 및 시장을 잠깐이나마 읽을 수 있다. 홍콩에서는 핫도그 같은 흔한 아이템도 장사가 잘될 수 있다는 것과 소자본으로도 창업이 가능하다는 사실이다. 앨빈도 어떻게 보면 홍콩 물정을 모르는 이방인과 비슷하였지만 창업을 해 성공한 것이 그 증거다.

홍콩에서 창업하기 전에 언어 때문에 많이 걱정하지만 사실 장사를 할 때는 메뉴를 기반으로 대화하기 때문에 그것이 그리 고민거리가 되지 못한다. 오히려 장사 이외에서 언어 문제가 발생한다. 또한 홍콩 교민들 중 절반이 언어 때문에 고통을 겪고 있지만 그래도 잘 살아가는 것을 보면 정작 중요한 것은 자신감인 것 같다. 그러니 한국에서 노점을 할 바에는 과감히 홍콩에서 점포 창업에 도전해 보자.

홍콩에서 요식업 창업을 하는 우리 교민들은 대부분 한식당 위주로 창업을 한다. 한국 요리에 대해 잘 알고 있고 홍콩인들이 한정식을 좋아한다는 이유에서이다. 하지만 이는 요식업 창업 관점에서 보면 서로가 제살 깎아 먹는 일일 뿐이다.

요즈음 같은 국제화 시대에 자본력이 있는 홍콩 요식업체는 한식을 이미 메뉴에 추가하여 한국 음식점들과 경쟁을 하고 있기 때문에 한국 음식점 창업이라는 천편일률적인 생각은 제고해야 한다.

이제는 해외 창업이 선택이 아닌 필수인 세상에 살고 있다. 그래서 창업 아이템도 자기 본위가 아닌 제3자의 관점에서 선택해야 하는 지혜가 필요하다.

창업 자금 분석
(A급 위치, 10평)

	임대료(2개월치 보증금+1개월치 선납)	900만 원
	재료 구입비	400만 원
	인테리어비	1,100만 원
	주방시설비	2,000만 원
+	잡비	300만 원
●	합계	4,700만 원

월 순수익 분석

	매출액	1,500만 원
−	임대료	300만 원
	재료 구입비	300만 원
	인건비(파트타임 2명)	200만 원
	잡비	100만 원
●	순수익	600만 원

한국인 창업 지수

안정성	★★★	투자성	★★
수익성	★★★	위험성	★★
시장성	★★★	운영성	★★★

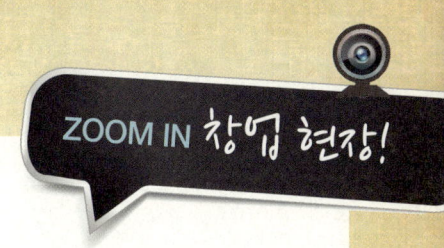

ZOOM IN 창업 현장!

1 저스트 핫도그는 많이 팔기 위해 저렴한 가격과 덤을 주는 판매 방법을 썼다.
2 홍콩에서는 핫도그 같은 흔한 아이템도 장사가 잘될 수 있다.

창업
Point

저스트 핫도그처럼 저가로 파는 경우에는 초기에 자리를 잡아야 한다. 그러므로 수익이 보장되는 중가의 가격으로 요즘 유행하는 퓨전식 - 약한 김치 소스와 핫도그, 불고기 소스와 핫도그 등을 결합한 퓨전 핫도그 - 을 판매한다면 차별화를 꾀할 수 있을 것이다.

Tip

박리다매는 평범한 아이템에서 자주 사용되는 마케팅이다. 하지만 일정 매출 이상이 담보되어야한다는 위험성이 내포되어 있다.

2장

먹는 게 남는 것이다

홍콩은 하루에 세끼 식사 외에 점심과 저녁 전에 한 번의 티타임을 갖는다. 그래서 홍콩에서는 '음식점 장사는 안 망한다'는 속설이 있을 정도로 음식 문화는 생활과 밀접하게 맞물려 있다. 또한 홍콩에는 4,000만 명이라는 거대한 관광 시장이 조성되어 있다. 그래서 홍콩에서의 음식점 장사는 성공할 수밖에 없는 것이다.

item08 | 홍콩에서의 성공을 부르는 창업 아이템 |

대중적인 아이템도 성공할 수 있다 | **딤섬 가게**

• 添好運

주소 旺角廣華街2-20號 翠園大樓8號
地下
전화번호 2332 2891
영업시간 오전 10시~오후 9시 30분
주요 사업 딤섬 판매

창업하면 음식점 장사가 먼저 떠오를 정도로 이는 소자본가들의 단골 아이템이다. 음식점 창업을 하기 위해 자신만의 비법을 만들기도 하고 다른 나라의 음식 아이템을 차용하기도 한다. 이 모두가 타 업소와의 경쟁에서 차별화를 만들어 내기 위함이다. 하지만 현실을 직시하면 음식점 장사는 우리나라에서 하지 않는 편이 맞다.

현재 우리나라의 요식업 시장은 포화 상태이면서도 구조적 문제를 안고 있다. 음식 관련 창업을 하려면 적어도 소비자가 1억 명 정도는 있어야 최소한의 안정적인 운영이 가능하다. 하지만 우리의 현실은 소비 시장은 작은데 창업자는 꾸준히 늘어나고 있는 실정이다. 이는 공급과 수요의 불균형으로 이어져 창업자가 아무리 차별화된 아이템으로 창업을 한다 하더라도 성공은 요원할 수밖에 없는 것이다.

개인 창업자 입장에서 시장이 얼마나 중요한지를 홍콩의 분식집을 보면서 비교해 보자. 우리나라의 종로나 동대문에 해당하는 몽콕(旺角)에 첨호운(添好運)이라는 식당이 있다. 18평 규모에 테이블이 6개뿐인 실내는 무척 작고 협소하다. 하지만 식사를 한 번 하려면 3시간 정도를 기다려야 할 정도로 손님은 인산인해를 이룬다.

이 집에서 파는 것은 홍콩에서는 그리 특별할 것이라고도 할 수 없는 '딤섬(點心)'이다. '챠샤우바오(叉燒包)'라는 만두가 1,800원 정도이고 모든 메뉴에 있는 딤섬 또한 2,000원을 넘지 않아 다른 집에 비해 싼 편이라고 할 수 있다.

그러나 아무런 특별함이 없는 일반적인 딤섬 가게임에도 불구하고 단지 싸다는 이유 하나만으로 손님이 몰린다. 이는 홍콩의 경제적 요인에서 이유를 찾을 수밖에 없다. 일반적으로 '홍콩의 물가는 싸다'는 인식이 강하지만 그것은 홍콩 관광청의 홍보 효과이고 실제로는 물가가 비싸다. 싸게 파니 손님이 몰려오는 것은 어쩌면 당연하다고 할 수 있다.

단순히 싸게 파는 것만으로도 성공할 수 있었던 이유는 '티타임'이라는 홍콩만의 특수한 문화와 거대한 관광 시장이 형성되어 있기 때문이다. 그래서 '홍콩의 음식점은 망하지 않는다'라는 속설이 있을 정도로 생활 전반에 걸쳐 음식이 밀접하게 맞물려 있다.

첨호운의 대표 또한 처음 창업할 때부터 서민이 부담 없이 즐길 수 있는 '저렴한 가격'에 초점을 맞추었다. 하지만 그걸 계속 소비해 줄 시장이 없으면 박리다매 같은 경우는 얼마 버티질 못한다. 여기서 중요한 것은 거대한 소비 시장이 있는 곳에서는 특별하거나 차별화된 아이템이 아닌 대중적인 아이템을 갖고도 얼마든지 성공할 수 있다는 사실이다. 첨호운이 파는 음식은 시아롱빠오(小籠包) 같은 만두 종류, 세이석까오(四色糕) 같은 떡 종류로 홍콩에서는 대중적인 음식이다. 맛에서 특별함이나 차별화를 낼 수 없는 아이템이라 할 수 있다.

필자는 창업에 관한 상담을 많이 받지만 대부분의 사람들은 한국에서 이미 성공했거나 특별하다고 생각하는 아이템에 대해서만 성공할 수 있는지를 묻는다. 누구 하나 홍콩에서 홍콩 사람이 좋아하는 홍콩 음식을 갖고 창업하려는 사람이 없다.

'한국에서 라면과 딤섬을 팔면 어느 것이 대중적이면서 잘 팔릴 것인가?' 물론 딤섬이 신선한 면이 있으니 한동안을 잘 팔릴 것이다. 하지만 결국은 한국인이 좋아하는 라면이 꾸준히 팔릴 것이다. 그렇다면 한국에서는 한국인이 주로 먹는 라면집을 해야 한다는 결론이 난다.

이렇듯 홍콩에서는 홍콩 사람이 좋아하는 대중적인 음식을 갖고 창업하는 것이 안정적이라 할 수 있다. 다만 창업자 입장에서 홍콩 음식이 생소하여 창업하기가 두려운 감이 없지는 않다. 그러나 걱정할 필요가 없다. 대중적인 음식의 공통점은 요리하기가 간편하다는 것이다. 그리고 굳이 창업자가 모든 요리를 다 하지 않아도 된다. 음식 잘 만드는 사람을 쓰면 된다. 또한 만두 및 딤섬 종류는 반제품 상태에서 공급하는 식재료 회사도 많다.

첨호운은 창업 3년 만에 2개 분점을 더 냈다. 그리고 2010년과 2011년에 걸쳐 연속으로 세계적인 권위를 인정받은 레스토랑 평가서 미슐랭 가이드로부터 별점 한 개를 받았는데, 그 이유는 맛에 비해 가격이 대중적이

라는 평가를 받았기 때문이다.

결국 홍콩에서 요식업 창업을 하려면 다른 것을 찾기보다 홍콩인들이 즐겨 먹는 대중적인 음식으로 시작하는 것이 현명하다.

창업 자금 분석
(A급 위치, 15평)

임대료(2개월치 보증금+1개월치 선납)	1,650만 원
시설비	1,550만 원
인테리어비	1,200만 원
식품 구입비	500만 원
+ 잡비	100만 원
● 합계	5,000만 원

월 순수익 분석

매출액	6,370만 원
− 임대료	550만 원
재료 구입비	1,400만 원
인건비(주방 4명, 직원 3명)	2,600만 원
잡비	450만 원
● 순수익	1,370만 원

한국인 창업 지수

안정성	★★★★	투자성	★★
수익성	★★★	위험성	★★
시장성	★★★	운영성	★★★

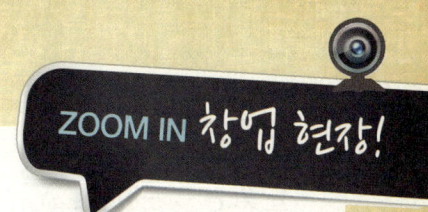
1 실내는 무척 협소하지만 식사를 한 번 하려면 3시간 전에 예약해야 할 정도로 손님이 인산인해를 이룬다.
2 첨호운이 파는 음식은 시아롱빠오(小籠包) 같은 만두 종류, 세이석까오(四色糕) 같은 떡 종류로 홍콩에서는 대중적인 음식이다.

창업 Point

홍콩에서 음식점을 창업할 때는 점포 임대 시 주방 허가가 있는지를 확인하여야 한다. 주방 허가란 요리를 할 수 있는 주방 시설을 만들 수 있거나 주방 시설이 있는 상태를 말한다.

Tip

'딤섬'은 광동의 만두 및 각종 음식을 총칭한 것이다.

item09 | 홍콩에서의 성공을 부르는 창업 아이템 |

투잡으로도 가능하다 | 셀프 아이스크림 가게

• Tutti Frutti

주소 紅磡都會道6號國際都會商場712舖
전화번호 2773 0202
영업시간 오전 11시~오후 10시(일요일 휴무)
주요 사업 셀프 요거트 아이스크림 판매

홍콩처럼 날씨가 더운 나라에서 아이스크림 관련 창업은 주요 아이템이다. 그래서 계절에 상관없는 연중 업종으로 분류될 만큼 창업 아이템 중에서 선호도가 가장 높다.

홍콩의 아이스크림 시장은 빠른 속도로 성장하는 중이다. 아이스크림의 종류는 유기농 아이스크림, 수제 아이스크림, 생과일 혼합 아이스크림 등으로 나뉘는데, 건강 및 고급화로 현대 소비자들이 원하는 취향을 그대로 반영하고 있다는 공통점이 있다. 요즈음에는 각 아이스크림마다 차별성이 없어지고 비슷해졌다.

하지만 튜티 프루티(Tutti Frutti)라는 셀프 요거트 아이스크림 판매점은 여느 아이스크림점과는 다른 특이함으로 지금 홍콩에서 유행을 하고 있다. 미국에 본사를 둔 튜티 프루티는 전 세계 23개국에 판매점이 있고 홍콩에는 6개 분점이 있는데, 콩을 기본으로 발효한 유산균과 젖산균을 접종시킨 요거트 아이스크림을 만드는 것으로 유명하다.

요거트 아이스크림은 몸의 독소를 제거해 주어 건강에 도움을 줄 뿐만 아니라 다이어트에도 효과가 있다고 알려져 있다. 근래에 와서는 홍콩뿐만 아니라 세계적으로도 인기가 있는 아이스크림이다.

이 튜티 프루티가 '건강을 주는 아이스크림'이라는 콘셉트를 내세운 건 분명히 차별적인 요소이다. 그렇지만 그것이 승부를 가를 만큼 특별히 매력적인 요소로 보기는 어렵다. 왜냐하면 요즈음은 일반 아이스크림도 건강을 추구하는 방향으로 가고 있기 때문이다.

결국 다양한 아이스크림이 다 나오는 지금의 시점에서는 아이스크림 자체의 차별화는 크게 의미가 없고 운영 방법에서 차별화를 시켜야 한다. 그런 관점에서 튜티 프루티는 배울 게 많고 그 방법을 벤치마킹할 필요가 있다.

튜티 프루티는 '셀프 아이스크림점'이라는 특별한 운영 방식을 채택하였다. 자판기 형태로 된 아이스크림 기계의 수동식 압력 레버를 옆으로 돌리면 아이스크림이 나오고 그 위에 60여 가지의 토핑 중에서 고객들이 스스로 선택하여 직접 만들어 먹도록 하였다. 이 방법이 고객들에게 좋은 반응을 얻었으며, 특히 아이들이 좋아하였다. 무엇보다 아이스크림을 파는 것이 아니라 재미(fun)를 판다는 점이 타 업체가 따라오지 못할 차별화라 할 수 있다.

운영 경쟁력, 차별화, 브랜드의 인지도 등을 생각해 봤을 때 아이스크림점 창업은 튜티 프루티로 하면 좋을 것이다. 하지만 안타깝게도 현재 홍콩의 모든 튜티 프루티 분점은 직영으로 운영하고 있어 가맹점으로의 창업은 불가능하다.

그렇다고 아이스크림점 창업을 못하는 것이 아니다. 튜티 프루티의 펀 운영 방법을 차용한 새로운 유형의 아이스크림 가게를 하면 된다. 리스크도 적고 자본도 2,000만 원 정도밖에 안 드는 데다가 높은 수익을 낼 수 있으니 창업을 염두에 둘 필요가 있다.

우선 아이스크림점은 유동 인구가 많은 홍콩의 중심지에 가게를 내야 한다. 이때는 점포의 한쪽만을 임대하면 된다. 즉석 아이스크림 기계 한 대를 놓고 서울 명동의 명물 '30cm 아이스크림'처럼 재미를 주는 아이스크림을 팔면 된다.

일반 생크림으로 만든 30cm 아이스크림은 높이가 30cm나 되는 아이스크림을 쌓아서 파는 것으로 한국의 관광 안내책자에도 나올 정도로 명물이다. 이것은 투자에 비해 상당히 높은 수익을 올리고 있다. 주 고객이 관광객이다 보니 맛보다는 보는 재미를 준다는 것이 튜티 프루티의 펀 운영 방식과 비슷하다고 할 수 있다. 이런 것은 홍콩 같은 관광 도시에 어울리는 아이템이라 할 수 있다. 넓은 공간도 필요 없고, 기술도 하루면 다 배우니 소자본으로 본인이 직접 운영하면 생각보다 높은 수익을 낼 수 있을 것이다.

또한 본인이 직접 운영을 안 하고 파트타임 직원만으로도 운영이 가능하다. 왜냐하면 예전의 아이스크림 기계는 수치계가 자동으로 안 되어 있어 원료량을 보고 예상 아이스크림 개수를 추산했지만 요즈음에 나오는 기계는 배출되는 양을 자동으로 계산할 수 있기 때문이다.

홍콩의 중심지는 서울의 중심이라 할 수 있는 명동에 비해 유동인구가 3배 이상 많다. 그래서 일일 최소 매출을 콘 200개로 잡으면 예상 매출액이 나오는데 2,000만 원 투자하여 이 정도 수익을 낼 수 있는 아이템은 많지 않다. 판매하는 데 의사소통도 그리 필요하지 않으니 부지런하고 적극적인 성격의 창업자라면 좋은 결과를 얻을 수 있을 것이다.

위탁 운영뿐만 아니라 직원을 고용하여 책임 운영을 맡기면 매주 또는 월 단위로 매출 체크만 하면 된다. 그러므로 요즈음 같이 투잡(two job)을 찾는 창업자들에게는 아이스크림 창업이 가장 이상적이다. 정말 홍콩에서의 아이스크림 사업은 기복이 없는 몇 안 되는 아이템 중의 하나다.

창업 자금 분석

(아이스크림 기계 1대)

임대료(2개월치 보증금+1개월치 선납)		600만 원
기계 구입비		780만 원
원료 구입비		250만 원
+ 잡비(부동산 소개비 포함)		200만 원
● 합계		1,830만 원

월 순수익 분석

(아이스크림 기계 1대당 일 200개, 판매 단가 1,500원 기준)

매출액		900만 원
− 임대료		200만 원
재료 구입비		250만 원
인건비(파트타임 2명)		300만 원
잡비(공과금 포함)		30만 원
● 순수익		120만 원

한국인 창업 지수

안정성	★★	투자성	★
수익성	★★★	위험성	★
시장성	★★★	운영성	★★★

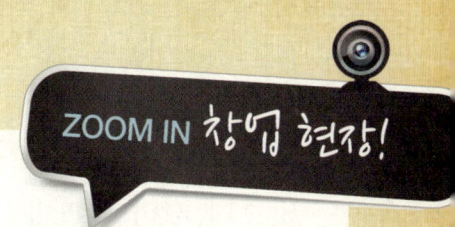

1 자판기 형태로 된 아이스크림 기계의 수동식 압력 레버를 옆으로 돌리면 아이스크림이 나온다.

2 고객들에게 60여 가지의 토핑 중에서 선택해 직접 만들어 먹을 수 있도록 하였다.

창업 Point

아이스크림점은 파트타임 직원이나 관리 직원만 두고 영업을 할 수 있는데 일일 입금 내역과 월 단위로 일정 수익이 났는지만을 확인하면 된다. 그리고 명동의 30cm 아이스크림처럼 보는 재미를 주는 방안에 대해 연구해야 한다.

Tip

일반 아이스크림 판매점의 수익률은 70%선이다. 그리고 명동에 있는 30cm 아이스크림 판매점의 일일 판매 개수는 평균 250개 정도이다.

item 10 | 홍콩에서의 성공을 부르는 창업 아이템 |

맛보다 재미를 판다 | **저가 캔디 숍**

● 優之良品

주소 上環信德中心 2樓 262-263號舖
전화번호 2517 3118
영업시간 오전 9시~오후 10시
주요 사업 캔디, 월병, 간식 제품 판매

홍콩 소매업의 특징은 전문 디저트 소매업이 유독 발달했다는 것이다. 그 이유는 홍콩의 독특한 시장성과 부동산 현실에서 기인한다. 홍콩은 다른 도시와 달리 거주민보다 관광객이 많은 상황이다 보니 소매업의 전문화, 특히 식음료 부분에서의 전문화를 이루게 되었다. 또한 임대료가 높다 보니 회전율이 빠르면서 수익률이 높은 전문점이 많아지는 것은 어찌 보면 당연하다 할 수 있다.

홍콩에서 흔히 볼 수 있는 전문 소매업은 초콜릿 전문점, 과일 빙수 전문점, 간식 전문점 등으로 일반 잡화 소매업보다 간식류 전문점이 더 많다. 그러다 보니 디저트 소매업자들끼리 경쟁이 붙고 그 속에서 전문점으로 또다시 세분화가 되면서 캔디 전문점, 견과류 전문점 등이 새로이 생겨나고 있는 실정이다.

요즈음 전문점은 저렴하게 파는 전략을 내세우는데, 그 대표적인 예가 저가 캔디 판매점이다. 간식 전문점은 공장에서 일률적으로 포장되어 나온 과자, 초콜릿 등의 기성 상품인데 반해, 저가 캔디 판매점은 수제로 만든 캔디가 대부분이고, 기성 상품에서는 볼 수 없는 자체 상품을 만들어 판매하고 있다.

캔디는 만들기가 쉬워 가내 수공업 형태의 소규모 공장이 많이 몰려 있는 홍콩 외곽이나 중국에서 주로 생산해 들여온다. 그래서 저가 캔디 판매점은 가격이 저렴한 중국 상품 위주로 판매하고 있다. 또한 중국인들의 전통적인 군것질거리인 깐구어(乾果), 리앙구어(凉果) 같은 제품도 함께 팔고 있다.

깐구어란 망고, 사과, 포도 등을 말린 과일을 말하는 것이고, 리앙구어는 과일이나 야채 등을 벌꿀이나 소금에 절인 것으로 당나라 때부터 먹기 시작한 중국의 오래된 식품이다. 현대에 와서는 군것질거리의 한 종류로 바뀌었다.

이러한 중국산 저가 캔디를 파는 우지양품(優之良品)은 '캔디를 쌓아 두라'는 단순한 전략을 내세웠다. 이를 통해 이른바 펀(fun) 마케팅을 내세워 고객이 상품을 직접 보고 고르도록 하였다. 이는 고객에게 선택의 폭을 넓혀줌과 동시에 구매 가치를 부여하게 하는 역할을 하였다.

우지양품은 펀 마케팅 이외에도 비장의 판매 방법이 또 있다. 고객과의 거리 두 발 유지, 압박 없는 응대, 미소 짓기 등이 바로 그 전략이다. 이것은 철저히 계산된 고객 응대 방법이다.

일반적으로 손님이 가게에 들어서게 되면 곧바로 직원이 그 옆에 붙는 경우가 많다. 고객을 제대로 응대하기 위한 것이지만 손님 입장에서 보면 왠지 모르는 압박감을 느끼 는 경우가 많다.

또한 계속적으로 상품에 대한 소개를 듣다 보면 그 것을 제대로 사지도 못하고 나오는 경우도 종종 발생한 다. 그래서 우지양품에서는

고객이 느끼는 이런 무언의 불편을 파악하고 고객과 두 발 정도 떨어져 있으면서 어떤 압박감도 가하지 않는다. 그러다가 고객이 부르면 그때서 야 미소를 짓고 응대한다.

고객을 부담 없게 하는 응대 방법은 펀 마케팅과 연결되어 판매로 이 어진다. 그렇다고 모든 캔디점들이 이러한 방법을 사용하는 것은 아니다. 그렇게 안 해도 잘 팔리기 때문이다. 하지만 이런 체계적인 판매 방법을 사용하는 것이 장기적인 면에서는 도움이 된다.

현재 대부분의 아파트 단지에는 우지양품이 있다고 할 정도로 홍콩 전 역에 걸쳐 분점이 있다. 우지양품의 이러한 성공 덕분에 이후 저가 캔디 판매점의 아류들이 많이 생겨났다. 저가 캔디 판매점을 많이 창업하는 이 유는 누구든지 특별한 기술이 없이도 점포나 매대만 있으면 할 수 있기 때문이다. 또한 매출 회전율이 빠르기 때문이기도 하다.

저가 캔디 판매점은 군이 누가 도와주지 않아도 창업을 할 수 있을 정 도로 쉽다. 점포와 간단한 인테리어 및 공급선만 확보하면 창업은 거의 다 된 것이다. 더군다나 어떻게 운영해야 할지 걱정할 필요가 없을 정도 로 거리에는 관광객들이 넘쳐난다. 그들 중에서 싼 것만 찾아다니는 중국

관광객들이 알아서 들어온다. 주전부리나 선물용으로 사기 위해서이다.

　소자본을 가진 홍콩의 창업자들은 점포 안 한쪽을 임대하여 3~5층 높이의 아크릴 박스를 만들어 놓고 그곳에서 캔디를 판다. 그렇게 하면 창업 자금도 2,000만 원 미만으로 낮아진다. 초보자일 경우에는 이 방식을 통해 홍콩의 시장을 경험해 보는 것도 좋은 방법일 것이다.

　외국인 입장에서 창업을 할 때는 진입 장벽이 낮으면서 소비층이 넓고 일정한 수익이 예상돼야 한다는 전제 조건이 중요하다. 더불어 회전율이 빠르고 운영하는 데 특별한 어려움이 없어야 한다. 이러한 조건에 부합되는 여러 아이템 중에 저가 캔디 판매점이 가장 적절하다고 할 수 있다.

　한국의 20~30대 또한 현실적으로 자본의 여유가 많지 않고 사회 경험이 부족하여 창업 아이템 선택에 있어 제한적일 수밖에 없다. 그렇다면 복잡하지 않고 소자본에 자기 노동력을 투자할 수 있는 아이템인 저가 캔디점을 추천하고 싶다.

창업 자금 분석

(B급 위치, 10평)

임대료(2개월치 보증금+1개월치 선납)	900만 원
상품 구입비	1,000만 원
인테리어비(아크릴 매대 및 조명 시설 포함)	1,800만 원
+ 잡비(부동산 소개비 및 기타 비용 포함)	300만 원
● 합계	4,000만 원

월 순수익 분석

매출액	1,750만 원
− 임대료	300만 원
인건비(파트타임 2명)	260만 원
상품 구입비	800만 원
잡비	80만 원
● 순수익	310만 원

한국인 창업 지수

안정성	★★★	투자성	★★
수익성	★★★★	위험성	★★
시장성	★★★★	운영성	★★★

1 깐구어란 망고, 사과, 포도 등을 말린 과일을 말하는 것이고, 리앙구어는 과일이나 야채 등을 벌꿀이나 소금에 절인 것으로 캔디 종류와 함께 판매한다.
2 소자본을 가진 창업자들은 점포 안 한쪽을 임대하여 3~5층 높이의 아크릴 박스를 만들어 놓고 그곳에서 캔디를 판다.

창업 Point

소비 시장이 다르면 창업 아이템도 달라져야 하는 것은 당연한 일이다. 한국의 소매업 시장은 커피 전문점이 주류를 이루지만 홍콩은 디저트 전문점이 대부분을 차지하고 있다는 것을 먼저 알아야 한다. 그리고 캔디와 함께 팔 수 있는 상품에 대해서도 고민해야 한다.

Tip

독일산 캔디의 도매가격이 kg당 3,000~4,000원이고 수익률은 10~15%이다. 구매 회전율을 생각하면 타 업종을 하는 것보다 저가 캔디 판매점을 하는 게 낫다는 결론이 나온다.

item 11 | 홍콩에서의 성공을 부르는 창업 아이템 |

현대인의 생활 습관을 파악하라 | 즉석 주먹밥집

주소 新界 時代廣場 3樓32B號舖
전화번호 2430 0483
영업시간 오전 7시 30분~오후 10시
주요 사업 주먹밥 판매

홍콩에서 외식업을 하려면 특색이 있어야 한다. 각 나라의 온갖 기묘한 음식들이 다 있다 보니 그럴수록 경쟁력이 생기기 때문이다. 그렇다고 특별한 요리 기술이 필요한 것이 아니라 자주 접하지 않은 음식이면 충분하다.

토니(Tony)는 5년간의 요식업 경험을 살려 대만의 프랜차이즈 주먹밥 전문점 큐큐(QQ)를 홍콩에서 시작했다. 그리고 1년 6개월이라는 짧은 시간에 15개의 분점을 내는 업체로 성장시켰다. 개인 창업으로 시작하여 급성장해 기업체 대표가 된 그는 많은 창업자에게 희망을 준다.

토니의 성공 포인트는 홍콩에서 자주 접하지 못했던 음식인 주먹밥을 패스트(fast)화 하였다는 것이다. 주먹밥을 주문과 동시에 즉석에서 바로 먹거나 테이크아웃할 수 있도록 한 것이다. 이것이 바쁜 현대인의 생활 문화와 딱 맞아 떨어졌다.

또 다른 성공 요인은 입지 지역을 지하철역 안으로 한정하여 출퇴근 고객에게 집중한 것이다. 이것은 그만큼 아이템에 맞는 입지 선정이 중요하다는 사실을 알려주는 것이다.

토니는 중국 베이징 소재 라면집에서 경험을 쌓으면서 요식업 관련 아이템을 찾으려고 여러 곳을 돌아다녔다. 그러다가 대만에서 16년 된 주먹밥 집을 보고 홍콩 시장에서도 가능성이 있을 것이라고 판단하여 2년간 주먹밥에 대해서 조사하였다.

그가 큐큐 주먹밥을 홍콩으로 도입한 결정적 요인은 3가지다. 첫째로는 홍콩에는 없는 아이템이었고, 둘째로는 업체의 오랜 역사와 가맹점 수 그리고 마지막으로는 대중성 및 건강이었다. 주먹밥은 이 모든 조건을 만족시켰다고 한다.

큐큐 주먹밥은 현미, 홍키, 보리, 자미 쌀, 일반 쌀 등 5종의 건강식 주재료와 60여 가지의 다양한 고명 중에서 2가지를 선택하면 김밥처럼 즉석에서 만들어 준다. 200~400칼로리에 불과하지만 건강에 좋을 뿐만 아니라 포만감까지 느낄 수 있다.

오픈 당시에는 홍콩 사람들의 흥미를 불러일으키지 못하면 어떨까 걱정했다고 한다. 하지만 때마침 패스트푸드에 대한 부정적 분위기가 홍콩을 강타하면서 건강에 좋은 즉석 주먹밥에 대한 열풍이 일어났다. 지금은 맛을 넘어 칼로리, 영양에 중점을 두고 식단을 구성한다.

요즈음 우리나라에서도 일본식 주먹밥집을 종종 볼 수 있는데, 별다른 특징이 없다. 그래서 똑같은 아이템이라도 운영 방법에 따라 이렇게 차이가 난다. 큐큐 주먹밥은 자기 입맛에 맞는 주재료와 고명을 선택하게 하여 고객에게 주도권을 줌과 동시에 건강식이라는 차별화를 만들어 냄으로써 성공했다.

요즈음은 주먹밥도 그냥 팔면 백전백패다. 차별화를 시도해야 한다. 주 고객을 다이어트에 신경 쓰는 직장 여성으로 정하고, 거기에 보기에도 좋은 자연 색소를 첨가한 주먹밥을 즉석에서 만들어 주면 새로운 고객층이 생겨날 것이다. 다만 현재는 홍콩에서 즉석 주먹밥집을 창업하려면 큐큐주먹밥밖에 없으니 프랜차이즈를 해야 한다.

아니면 창업자 자신의 브랜드를 단 독립형 즉석 주먹밥집을 해야 하는데 공교롭게도 우리나라 즉석 김밥집의 설비와 시설이 유사하다. 프랜차이즈가 아닌 독립형 즉석 주먹밥집을 차릴 경우 비용 절감의 효과도 볼 수 있다. 창업 자금 또한 많이 들어도 최대 5,000만 원을 넘지 않으니 부담이 없어 좋다.

그럼 혹자는 차라리 즉석 김밥집을 차리는 것이 더 낫지 않을까 하는 의문을 제기할 수도 있다. 하지만 그것은 다분히 한국적 사고방식에 익숙한 창업자의 생각이다. 먹거리 창업은 기본적으로 홍콩인들의 대중성이나 기호에 맞는 음식을 갖고 승부를 걸어야 한다.

그럼 홍콩인이 김밥을 좋아하는지가 궁금해질 것이다. 단언컨대 먹어보라고 주면 먹지만 스스로 알아서 사 먹지는 않는다. 대체로 목이 뫼다는 이유에서이다. 그래서 홍콩인의 기준으로 생각하면 그다지 좋은 생각이 아니다.

기름진 음식에 길들여진 음식 문화권에서 김은 입맛을 텁텁하게 만드는 부정적인 맛과 이미지가 강하다. 참고로 김이나 김밥은 한국이나 일본은 제외한 다른 나라에서는 그리 환영받지 못하거나 주목받지 못하는 음식 중 하나이다. 그래서 즉석 김밥집으로 창업을 하면 파리를 날릴 확률이 90% 이상이라고 확신한다. 하지만 즉석 주먹밥을 메인 메뉴로 하고 김밥을 사이드 메뉴로 개발하면 차별화가 되는 또 다른 즉석 주먹밥집이 될 수 있다. 그러면 차별화가 가능하여 의외의 결과를 볼 수도 있을 것이다.

　홍콩은 특별하거나 독특한 음식을 팔면 신문이나 방송에서 알아서 취재를 온다. 그만큼 음식에 관해서는 홍콩인들의 관심도가 다른 민족보다 높다고 할 수 있다. 그래서 먹거리를 갖고 홍콩에서 창업하려면 오래전부터 미리미리 준비하고 계획하는 것이 좋다.

창업 자금 분석

	임대료(2개월치 보증금+1개월치 선납)	1,200만 원
	인테리어비(쇼핑몰 입주로 인테리어비 절감)	600만 원
	시설비(냉장고 설비 시설 포함)	1,000만 원
	재료 구입비	900만 원
	가맹비(1회 가맹비 지급 외 로열티 없음)	1,200만 원
+	잡비(부동산 소개비 포함)	100만 원

● 합계   5,000만 원

월 순수익 분석

	매출액	2,600만 원
−	임대료	400만 원
	인건비(파트타임 3명)	400만 원
	재료 구입비	1,000만 원
	잡비, 공과금	200만 원

● 순수익   600만 원

한국인 창업 지수

안정성	★★★	투자성	★★★
수익성	★★★	위험성	★★★
시장성	★★★	운영성	★★

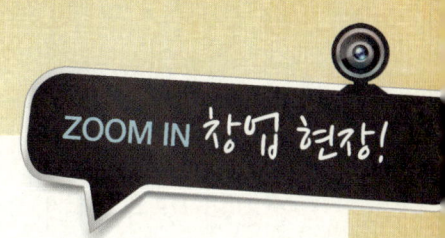

1 주먹밥은 주문과 동시에 즉석에서 바로 먹을 수도 있어서 요즈음 같이 바쁜 현대인의 생활 문화와 딱 맞아 떨어진다.

2 자기 입맛에 맞는 주재료와 고명을 선택할 수 있다

창업 Point

즉석 주먹밥에 김밥을 추가하는 것도 하나의 방법이다. 또한 즉석 주먹밥의 고명을 이용하여 간식 메뉴를 개발하면 매출 상승의 효과를 볼 수 있다.

Tip

대만의 큐큐 주먹밥은 300여 개의 가맹점이 있을 정도로 중화권에서는 인지도가 있는 프랜차이즈 업체이다.

item 12 | 홍콩에서의 성공을 부르는 창업 아이템 |

건강과 맛 두 마리 토끼를 잡아라 | 퓨전 찻집

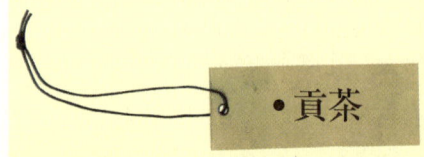

• 貢茶

주소 荃灣荃興徑14號A地下
전화번호 N/A
영업시간 오전 11시~오후 9시
주요 사업 다양한 종류의 차 판매

차(茶)의 역사는 중국의 역사와 같다. 중국 신화를 보면 시조인 신농(神農)이 차의 재배법에 대해 알려주는 장면이 나온다. 또한 사서(史書)『이아(尔雅)』의「석초편(释草篇)」을 보면 '도(道)'에 관한 것이 나오는데 그 속에 차와 관련한 이야기가 나온다. 따라서 중국에서는 적어도 3,000년 전부터 차를 마셨다고 추정할 수 있다.

고대 중국에서 차는 보석과 맞먹을 정도로 비싼, 서민들과는 거리가 있던 사치품이었다. 명(明) 시대에 와서야 차 제조법이 개량되면서 여러 종류의 차가 생산되었다. 이어 청(淸) 시대 때 꽃잎을 넣는 화차(花茶)가 유행하기 시작하면서 본격적으로 지방 도시에까지 다관(茶館)이나 다루(茶樓)들이 들어섰다. 이때부터 차의 시대가 본격적으로 열렸다. 이제는 중국 어디를 가도 차가 나올 정도로 종류도 많을 뿐만 아니라 생산량 또한 세계 1위를 차지하고 있다.

중국인들은 차에 대한 자부심도 강해 차(茶) 관련 사업이 잘 발달되어 있다. 동북 아시아권에서는 유독 우리나라에서만 차 사업이 덜 발달하였는데 한국 전쟁 이후 미국의 커피 문화가 들어온 것이 원인으로 꼽히기도 한다.

홍콩 또한 음료 시장이 발달하여 전통 차뿐만 아니라 한약 스타일의 시원한 양차(凉茶), 유산균 혼합 음료, 퓨전 차 등 다양한 종류의 차를 판매한다. 그중에서도 퓨전 차에 대한 선호도가 높다. 퓨전 차란 홍차, 녹차 등에 과일액, 시럽 등을 첨가해 만든 차를 말한다. 녹차에 과일액을 넣거나, 홍차에 레몬을 섞는 등 제조법 또한 수없이 많다.

대표적인 퓨전 차는 쩐주 나이차(珍珠奶茶)이다. 홍차나 녹차에 우유 등을 섞어 그 안에 열대 식물인 타피오카 펄로 만든 진주 모양의 구슬을 넣어 만든 것이다. 우리나라에서는 보통 밀크티, 버블티라고 불린다. 이 차를 마시면 타피오카 펄을 씹어 먹는 맛이 재미를 더한다.

원래 퓨전 차의 원조는 대만이다. 약 27년 전부터 차의 해석을 새롭게 하여 현대인의 입맛에 맞게 개발하다 보니 퓨전 차를 만들게 되었다. 홍콩에는 1996년쯤부터 들어오기 시작했는데 들어오자마자 엄청나게 유행하였다. 다시 중국 남부로 넘어가 현재는 중국 전역에서 퓨전 차가 커피와 경쟁하는 하나의 사업 아이템으로 인기를 끌고 있다. 우리나라까지 넘어와 서울의 명동, 홍대 등에 들어서고 있다. 이렇게 퓨전 찻집이 폭발적으로 증가하는 이유는 차가 현대인의 주요 관심사인 건강과 감각적인 입맛에 잘 부합하기 때문이다.

홍콩의 편의점 옆에는 퓨전 찻집이 반드시 있다고 할 정도로 상당히 많다. 퓨전 차 프랜차이즈점 또한 공차(貢茶), 코코(coco), 선적암(仙跡岩) 등이 있다. 이렇게 많으면 시장을 서로 잡아먹어 문제가 있지 않을까 걱정할 수도 있지만 결코 그렇지 않다.

홍콩은 710만 명의 시민과 연간 4,000만 명의 관광객을 합해 총 5,000만여 명이라는 큰 소비 시장이 형성되어 있다. 홍콩의 더운 날씨 또한 음료 시장 형성에 한몫을 한다. 서울시보다 조금 큰 지역에 사는 5,000만 명이 더운 날씨로 인해 물을 찾는다고 생각해 보라. 함께 공유할 정도의 큰 시장을 갖고 있어 홍콩에 퓨전 찻집이 아무리 많아도 서로 잡아먹는 현상까지는 안 나오는 것이다.

필자는 공차, 코코, 선적암 등 여러 군데의 프랜차이즈 찻집을 조사하였는데, 위치에 따라 약간씩 다르긴 하지만 매출이 대동소이하고 자본금 또한 거의 차이가 나지 않는다는 것을 발견할 수 있었다. 바꿔 말하면 음료 시장은 다른 업종과 달리 홍콩에서만큼은 경쟁이 필요 없고 리스크의 부담이 없는 베스트 아이템이자 소상공인들의 주 아이템인 셈이다.

홍콩에서 퓨전 찻집을 창업하는 방법은 두 가지인데, 하나는 프랜차이즈를 이용하는 것이고 다른 하나는 독립 점포를 오픈하는 것이다. 일주일

정도면 퓨전 차의 종류를 모두 알 수 있고 제조 방법 또한 커피와는 달리 누구나 쉽게 배울 수 있다. 그래서 독립 점포가 가능한 것이다. 우리나라 사람이 유독 신경 쓰는 인테리어에 차별화를 두면 충분히 승산이 있고 적어도 손해를 거의 보지 않을 것이다. 그래서 홍콩에서 창업을 하려

홍콩에서의 성공을 부르는 창업 아이템

면 퓨전 찻집을 하라고 권하고 싶다.

물론 지금은 우리나라에서도 유행하고 있으니 여기서도 창업이 가능하다. 그러나 이 퓨전 찻집은 홍콩에서 하길 권한다. 이유는 2가지다.

첫째는 창업 자금의 차이로 한국과 홍콩은 평균 3배 이상 차이가 난다. 둘째는 소비 시장이 너무나도 현격한데, 한국에서는 커피를 마시는 고객의 입맛을 바꿔야 승산이 겨우 있을 정도로 아직은 대중성을 확보하지 못하였다. 하지만 홍콩에서는 반대로 퓨전 차 고객을 커피 시장으로 끌어들이기 위해 고군분투하고 있다.

이런 이유들로 홍콩에서의 성공 기회가 더 높고, 혹시 실패하더라도 리스크가 우리나라보다 적다고 할 수 있다.

창업자금 분석
(B급 위치, 5평 기준)

	임대료(2개월치 보증금+1개월치 선납)	600만 원
	재료 구입비	800만 원
	인테리어비	1,000만 원
	시설비	1,000만 원
+	잡비(부동산 소개비 포함)	400만 원
	● 합계	3,800만 원

월 순수익 분석

	매출액	1,000만 원
−	임대료	200만 원
	인건비(파트타임 1명)	120만 원
	재료 구입비	300만 원
	잡비	30만 원
	● 순수익	350만 원

한국인 창업 지수

안정성	★★★		투자성	★★
수익성	★★★★★		위험성	★
시장성	★★★★★		운영성	★★★★

1 퓨전 찻집이 폭발적으로 증가하는 이유는 현대인의 주요 관심사인 건강과 감각적인 입맛에 잘 부합되기 때문이다.

2 홍차나 녹차에 우유 등을 섞어 그 안에 타피오카 펄로 만든 진주 모양의 구슬을 넣은 쩐주나이 차(珍珠奶茶)가 대표적이다.

창업 Point

퓨전 찻집의 장점은 외국인 입장에서 진입 장벽이 없다는 것이다. 그리고 기존의 퓨전 찻집에는 사이드 메뉴가 없으므로 커피 등을 개발하면 경쟁력이 있다.

Tip

퓨전 차의 매력은 생수 대신 사 먹는 대용차 역할을 한다는 것이다. 그래서 일정한 매출이 보장되는 편으로 순수익은 80% 이상이다.

item13 | 홍콩에서의 성공을 부르는 창업 아이템 |

매력적인 교차 아이템을 찾아라 | 떡볶이 가게

● 韓點

주소 紅磡寶其利街59-67號 寶威大廈地下
2號舖
전화번호 3480 4441
영업시간 오전 12시~오후 10시
주요 사업 분식 판매
(떡볶이 4,000원, 어묵 1,800원, 잡채 5,000원)

사업의 성패는 아이템에 의해 결정된다. 따라서 창업하기 전에 제대로
된 아이템을 선정하기 위해 책도 보고 주위에 자문을 구하기도 하며 해
외 시찰도 한다. 하지만 아이템을 찾기 전에 간과하지 말아야 할 것은 최
초의 아이템을 개발하지 않는 이상 아이템은 이미 나온 아이템의 시기적
또는 지역적 차이를 두고 반복적으로 도는 교차 아이템이라는 사실이다.

다시 말해서 국가 간의 교차 아이템이나 반복 아이템이 없어졌다가도
새롭게 변형돼 나오기도 하고 경쟁력 없는 아이템이 다른 국가에서 유망
아이템으로 바뀌기도 하는 것이다. 그러한 예는 수없이 많다. 우리나라에
서는 한물간 오방떡이나 즉석 오징어 구이가 홍콩에서는 인기 아이템이
되기도 한다. 우리나라 또한 홍콩의 버블티나 즉석 육포를 들여왔다.

최근 홍콩에서 '교차 아이템'으로 가장 성공한 대표적인 사례는 우리나

라의 떡볶이다. 떡볶이 가게는 우리나라의 대표적 소자본 아이템으로 누구나 쉽게 할 수 있기에 학교 앞에는 꼭 있었다. 하지만 지금은 현대식 인테리어 및 가맹점 시스템 등으로 인해 창업 비용도 많이 들고 경쟁도 심해져 추천하지 않는 아이템으로 변했다. 그러나 홍콩에서 한다면 매력적인 창업 아이템으로 변할 수 있다.

홍콩은 독특한 문화적 특색이 있는데, 타국의 문물이나 문화를 비판 없이 받아들이는 관습과 실험 정신이 강하다는 것이다. 전 세계의 음식이 모두 다 들어와 있다는 사실만 봐도 알 수 있다.

한국 음식은 이미 홍콩에서 대중적인 음식이 되었는데 유독 떡볶이 같은 매운 음식은 소개가 되지 않았다. 홍콩 사람들은 매운 것을 싫어할 것이라는 선입견을 가지고 있었기 때문이다. 물론 홍콩 사람들은 매운 것에 익숙하진 않다.

하지만 2011년 한점(韓點)이라는 떡볶이 전문점이 오픈하자 홍콩 사람들의 반응은 놀라울 정도였다. 떡을 단순하게 고추장 소스에 버무린 음식이 그들에게는 신선한 충격으로 다가왔다.

떡볶이와 어묵 등을 파는 8평짜리 작은 매장에서 나오는 하루 매출이 100만 원 정도다. 이처럼 장사가 잘되는 이유는 떡볶이가 우리나라에서는 흔한 음식이지만 홍콩에서는 특색 있는 전문 음식으로 인식되었기 때문이다.

더군다나 한점이 대학 기숙사를 낀 지역에 위치하고 있어 한류의 영향을 가장 많이 받은 20대의 반응은 폭발적이었다. 그래서 5,000만 원이 안 되는 자본금으로 생업 차원에서 시작한 한점은 1년 6개월 만인 2013년 1월 현재 5개의 분점을 낼 정도로 커졌다.

이렇듯 대부분의 창업 아이템은 교차 차용하는 것이다. 그러므로 우리나라에서는 흔한 아이템도 외국에서는 최초가 되기도 하고 외국에서 인기 없는 아이템도 우리나라에서는 유망 아이템이 되기도 한다는 사실을 잊지 말아야 한다.

현재 홍콩에서 떡볶이 가게는 너도나도 창업하려는 업종이 되었다. 그래서 신선함이 없는 평범한 떡볶이 가게는 이미 경쟁력이 없어졌다고 봐야 한다. 떡볶이를 즉석식으로 바꾼다든지 소스를 다양하게 개발해 홍콩에서 처음이라는 신선함을 주는 방법을 연구해야 한다.

필자가 우리나라 수도권 신도시에 있는 프랜차이즈 떡볶이 가게와 홍콩 떡볶이 가게를 분석 해 보았다. 일단 재미있는 것은 두 나라 창업자의 연령대가 공교롭게도 다 같이 40대 후반이었던 것이다. 그리고 매출을 비교해 보니 우리나라 떡볶이 가게의 월 평균 매출은 1,450만 원에 불과한 반면 홍콩은 2,800만 원으로 평균 2배 이상 차이가 났다. 월 평균 순수익 또한 각각 160만 원과 350만 원이 나왔다. 즉 어디에서 창업을 하느냐에 따라 이렇게 매출과 순수익에서 차이가 난다. 물론 단순 비교로 양쪽을 평가하기에는 무리가 있지만 그래도 여러 면에서 이렇게 차이가 난다는 것은 시사하는 점이 많다.

해외 창업은 무척 조심스럽고 두렵다. 홍콩의 창업자도 마지막이라는 심정으로 떡복이 가게를 창업했다고 한다. 도전하지 않으면 결과는 아무도 모른다. 한번쯤은 새로운 시장에 도전하는 용기도 필요할 것이다.

창업 자금 분석

	임대료(3개월치 보증금+1개월치 선납)	1,200만 원
	인테리어비	1,200만 원
	주방 시설비(냉장 시설 포함)	1,000만 원
	식품 구입비(항공 운송비 포함)	400만 원
+	잡비(부동산 중개료 포함)	450만 원
●	합계	4,250만 원

월 순수익 분석

	월 매출액	2,800만 원
−	임대료	300만 원
	인건비(직원 3명)	500만 원
	재료 구입비(식품 구입비 포함)	1,500만 원
	잡비(공과금 일체)	150만 원
●	순수익	350만 원

한국인 창업 지수

안정성	★★★★★		투자성	★★★
수익성	★★★★		위험성	★★
시장성	★★★★		운영성	★★★

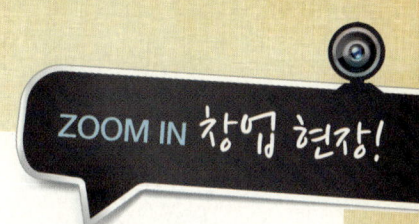
1 떡을 단순하게 고추장 소스에 버무린 음식이 홍콩 사람들에게는 신선한 충격으로 다가왔다.

2 떡볶이 전문점은 홍콩의 방송 및 신문 등이 앞다퉈 소개할 정도로 인기다.

辣面+年糕 라볶이
Rice cakes with ramen in hot sauce
HK$45.

창업 Point

떡볶이는 지금 확장의 최고점에 있기 때문에 같은 방식의 떡볶이로는 경쟁력이 없다. 대중성이 있는 길거리 음식을 혼합한 형태여야 경쟁력이 생긴다.

Tip

홍콩에서 가게 임대 계약 시 중개 수수료는 월 임대료 금액의 100%인데, 임대인과 임차인이 각각 반반씩 낸다. 대신에 가게 인수 시 권리금은 없다. 다만 계약이 끝나지 않은 가게나 같은 업종을 계약할 경우에는 인테리어 및 시설 비용을 산출해서 주기도 한다.

3장

톡톡 튀는 아이템을 찾아라

흔히 홍콩을 '샘플 쇼룸'이라 말한다. 그 이유는 살인적인 임대료, 무관세의 자유 가격 경쟁 속에서 살아남은 국제적인 제품을 볼 수 있기 때문이다. 홍콩에서는 결코 평범한 아이템을 갖고는 사업을 할 수가 없다. 창업 후 몇 개월만 지나도 임대료 부담으로 인해 운영 자금에 큰 문제가 생길 수 있기 때문이다. 그래서 사업 가능한 아이템을 검증하고 또 검증해서 창업해야 한다.

디자인 관련 창업은 홍콩에서 | **디자인 편집 숍**

• SOIL

주소 上環 四方街 43-45 G/F
전화번호 9600 6573
영업시간 오전 12시~오후 8시(월요일 휴무)
주요 사업 개인 디자인 제품 판매

서울 삼청동은 '디자인 편집 숍'들이 하나둘씩 모이기 시작하면서 유명
해졌다. 그만큼 디자인은 그 자체로 사람들을 불러 모으는 힘을 가진 매
력적인 아이템이다.

사람들은 보통 제조 공장에서 일률적으로 생산되는 상품이 아닌 특별
하고 흔하지 않은 상품을 원한다. 그 상품 자체가 탐나서이기도 하지만
그보다는 남이 갖고 있지 않은 독특한 상품을 소유함으로써 자신의 지위
나 존재를 부각시키려는 대리만족의 심리가 크다고 할 수 있다. 그런 본
능의 중심에는 디자인이 있다.

홍콩의 20대 창업자들은 우리나라와 비슷하게 점포 창업, 인터넷 쇼핑
몰, 개인 수공예점, 디자인 관련 업종 등을 선호한다. 그중에서 20대 여성
들은 의류 매장이나 디자인 편집 숍을 선호한다. 특히 디자인 편집 숍은

점포 임대료와 인테리어 비용 외에는 소요되는 자금이 거의 들지 않는다는 것이 장점이다.

홍콩의 디자인 편집 숍은 디자이너들로부터 위탁받은 제품을 매장 안에서 판매하고 그것의 수수료를 받아 운영한다. 즉 창업자들은 제품 구입 비용 및 재고 부담이 없고, 디자이너들은 판매를 할 수 있는 공간이 생기는 좋은 구조인 셈이다. 따라서 제품을 판매할 수 있는 공간만 갖춰 놓으면 당장이라도 시작할 수 있다.

홍콩에도 우리나라의 삼청동처럼 디자인 편집 숍이 옹기종기 모여 있는 곳이 있다. 홍콩 센트럴, 헐리우드 로드에서 성완(上環) 방향으로 15분쯤 걸어가면 독특하고 예쁜 디자인 편집 숍이 많다. 특히 그중에서도 '소일(SOIL)'이라는 디자인 편집 숍이 눈에 띈다. 가게 인테리어가 조금은 투박한 듯하면서도 심플한 느낌을 주는데, 매장 안은 전 세계에서 온 디자인 제품으로 가득 차 있다.

소일이 다른 디자인 편집 숍과 차별화 되는 것은 바로 전 세계 디자이너로부터 제품을 위탁받는다는 것이다. 이곳에는 여사장이 직원 1명을 두고 운영하는데, 여사장은 제품을 외부에서 수배하여 받아 오는 일을 하고, 직원은 매장에서 제품 판매를 담당한다.

소일은 한국 제품도 취급하는데 개인이 직접 디자인한 수건이 4만 원 정도에 팔리고 있었다. 이 정도 가격이면 무척 비싼 축에 속한다. 하지만 전 세계에서 단 하나뿐인 디자인 작품이라고 생각하면 비싸다고 말하기가 쉽지 않다. 디자인된 제품이면 어떤 제품이라도 상관없다. 제품을 예술품처럼 진열하는 것도 소일의 독특한 운영 방침이다.

디자이너가 적당한 가격을 정하면 거기에 마진을 덧붙여 판매가가 결

정된다. 이는 디자이너에게
가격 결정권을 줌으로써 단
순히 물건을 파는 것이 아
니라 자신의 디자인을 선
보인다는 자부심을 갖게 하
려는 의도이다. 그러한 운
영 방식은 고객에게도 영향

을 미친다. 즉 가격에 따라 단순히 상품을 구매하는 것이 아니라 디자인
의 가치를 알아본다고 생각하게 함으로써 고객의 자존감을 높여 주는 효
과를 준다.

소일의 이러한 운영 방식은 언뜻 보면 사업적으로 맞지 않다고 생각할
수 있지만 디자인 방면에서는 가장 이상적인 운영 방법이다. 판매자가 가
격을 정하면 그 제품은 이미 일반 상품과 별반 차이가 나지 않는다. 고객
은 세상에 단 하나뿐인 제품이라서 구매를 하는 것이지 가격에 의해 구
매를 결정하는 것이 아니다. 그런 면에서 소일은 디자인 제품의 개념을
정확히 이해하며 운영을 하는 셈이다.

우리나라는 어느 나라보다 디자인 경쟁력이 우수하다. 또한 우수한 디
자인 인력이 계속해서 배출되고 있어 공급선은 걱정할 필요가 없다. 더군
다나 창업자는 디자인을 잘 몰라도 된다.

디자인 편집 숍은 소일처럼 독특한 디자인 제품만 충분히 확보할 수 있
으면 특히 여성 창업자에게 충분히 승산이 있는 창업 아이템이다. 어떤
상품도 디자인이 첨가되면 부가가치가 높은 상품이 된다. 사람들이 애플
의 아이폰에 열광하는 이유 중 하나도 심플하고 편리하게 디자인되었기

때문이다.

하지만 처음에 창업을 하려면 자금이 그리 많지 않은 경우가 대부분이다. 그래서 본인이나 다른 디자이너의 제품을 모아 홍콩에서 직접 뛰면서 위탁을 하는 것도 하나의 방법이다. 이런 홍보 방법은 의외로 큰 효과를 발휘할 수 있다.

디자인 편집 숍에서도 여러 경로를 통해 디자인 제품 수배를 하기 때문에 오히려 반가워 할 것이다. 그리고 한국 제품 위주로 운영을 하면 제품 수배에서도 유리할 뿐만 아니라 차별화도 시킬 수 있어 경쟁력에도 좋을 것이다.

창업 자금 분석

임대료(2개월치 보증금+1개월치 선납)	1,250만 원
인테리어비	2,500만 원
제품 구입비(위탁상품 외 일부 직접 구입)	300만 원
+ 잡비	300만 원
● 합계	4,350만 원

월 순수익 분석

매출액	2,000만 원
− 임대료	410만 원
인건비(직원 1명)	250만 원
제품 구입비	700만 원
잡비(출장, 교통비 포함)	150만 원
● 순수익	490만 원

한국인 창업 지수

안정성	★★★	투자성	★★★
수익성	★★★	위험성	★★★
시장성	★★★	운영성	★★★

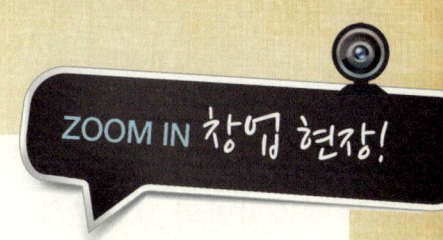

1 디자인 편집 숍은 독특한 디자인 제품만 충분히 확보할 수 있으면 특히 여성 창업자에게 충분히 승산이 있는 창업 아이템이다.

2 홍콩 센트럴, 헐리우드 로드에서 셩완 방향으로 15분쯤 걸어가면 독특하고 예쁜 디자인 편집 숍이 많다.

창업 Point

디자인 편집 숍은 군락을 이루는 것이 특징이다. 따라서 매장이 몰려 있는 셩완 (Sheung Wan) 근처에 오픈을 하는 것이 좋다. 또한 홍콩은 바이어들이 샘플 조사를 하러 많이 오는데 그들을 잘 공략하면 안정적 운영을 할 수 있다.

Tip

홍콩은 우리나라와는 다르게 권리금이 없으므로 소자본으로도 창업이 가능하다.

자신만의 브랜드를 개발하자 | 디자인 티셔츠 전문 판매점

Design Tshirts Store
♪•Graniph

주소 九龍尖沙咀彌敦道100號
The One商場 2樓UG218號鋪
전화번호 2808 2326
영업시간 오전 10시~오후 9시
주요 사업 디자인 티셔츠 판매

1980~90년대는 우리나라 의류 사업의 부흥기였다. 이때에는 논노, 씨씨, 나래 패션 등 중소기업들이 자신들의 브랜드를 내세우며 명동을 패션 중심지로 만들었다. 하지만 지금은 '패스트 의류'를 만드는 ZARA, H&M, 유니클로 등의 다국적 기업들이 들어오면서 개인 소매 의류점은 고사 직전에 처해 있다. 다른 대안을 찾아야 하지만 그것도 마땅치 않다. 결국 개인 소매 의류점들은 설 공간이 없어 하나둘씩 폐업하고 있는 실정이다.

홍콩 또한 마찬가지로 오래전부터 다국적 패션 업체들의 각축장이 되었다. 그런데 세계적인 브랜드 기업과 중국 저가 제품의 경쟁 속에서도 홍콩 소매 의류업자들은 굳건하게 장사를 잘하고 있다. 그들은 이미 오랫동안 샌드위치(자본, 저가 경쟁)에 대한 맷집이 생겨 '어떻게 하면 살아남는가'를 학습 효과로 배웠기 때문이다. 이는 우리나라 의류 소매업자들에게 시사하는 바가 크다.

홍콩의 의류업 관련 분야는 크게 브랜드 상품 판매, 유럽 이월 상품 판매, 한국과 일본 상품 판매, 중국의 저가 상품 판매 등으로 나눌 수 있다. 거기에 또 하나를 추가하자면 '개인 브랜드(Individual Brand)'가 있다. 줄여서 'Indivi Brand'라고도 하는데, '개인이 임의로 만든 상표'라는 뜻이다.

홍콩에서는 개인 브랜드를 특별히 창조적, 예술적 의미로 넓게 보는 경향이 있어 개인 디자이너나 창작 분야에 종사하는 사람들을 우대한다. 그러다 보니 디자이너의 자체 브랜드 상품이 다양하게 활성화되어 있다. 그래서 홍콩에서는 젊은 디자이너 출신뿐만 아니라 디자이너 출신이 아닌 사람도 의류업에 많이 진출한다.

IT 관련 종사자였던 아생(阿生)은 디자이너 출신이 아님에도 불구하고 개인 브랜드를 만들어 성공한 사례이다. 창업 초기에는 커피숍, 카페 등에서 자신이 디자인한 것을 전시하며 홍보하였고 이후에 소고(SOGO) 백화점에 '티 로커(Tee Locker)'라는 매장을 오픈하였다. 지금은 소고 백화점의 중국 내 14개 지점과 홍콩 침사추이에 있는 더 원(The One)이라는 대형 쇼핑몰에 입점할 정도로 성공하였다.

이렇게 개인 창업으로 성공할 수 있는 홍콩의 토양이 부러울 수밖에 없다. 우리나라에서는 개인 브랜드를 만든다 하더라도 성공은커녕 처음부터 일어서기도 힘들 것이다. 창업 아이템은 그 자체도 중요하지만 기본 토양이 없으면 사장되게 마련이다.

창업 당시에는 아생이 직접 티셔츠를 디자인하였으나 지금은 각 나라에 있는 디자이너 40여 명에게 디자인 의뢰를 하고 자신은 제조, 판매, 유통만 전담한다. 이 시스템은 새로운 유통 패러다임을 만들어 냈다. 창업자는 브랜드와 판매 공간만 제공하고 디자인과 제조는 아웃 소싱을 하는 방법은 새로운 개인 패스트 의류 시스템이라 할 수 있다.

디자이너들이 수없이 많은 디자인을 아생에게 보내면 그는 그중에서 경쟁력 있는 제품만 골라 제조를 하는 것이다. 그래서 효율성 면에서는 패스트 제품을 만드는 회사보다 훨씬 낫다.

또한 디자이너들에게는 채택된 제품의 판매에 따른 수수료를 주기 때문에 비용 면에서도 경제적이다. 그렇다고 디자이너들이 손해를 보는 것은 아니다. 제품이 잘 팔리면 높은 수수료를 받을 뿐만 아니라 인지도가 높아지는 효과가 있다. 이것은 개인적으로 독립하기 전에 본인의 디자인 스타일을 시장에서 테스트할 수 있는 기회가 된다.

아생의 매장에서는 오직 티셔츠만 판다. 티셔츠만 파는 이유는 디자인 표현에 제한이 없고 대중성을 갖고 있어서이다. 가격을 보면 2~10만 원 정도로 비싼 편이지만 잘 팔린다. 독특한 디자인과 개인 브랜드라는 이미지가 주효한 것이다.

디자이너 출신이 아닌 아생이 성공할 수 있었던 결정적 이유는 디자인과 개인 브랜드를 존중해 주는 홍콩의 분위기와 개인이라도 사업적으로 평등한 조건에서 거래할 수 있는 비즈니스 환경 때문이다.

우리나라의 개인 의류 시장은 중국산 저가 제품 시장으로 재편되어 있다. 그 시장 속에서 경쟁하는 것보다는 처음부터 세계 무대를 보고 승부해 보는 것도 좋은 방법이다. 그러기 위해서는 처음부터 자신만의 디자인으로 새로운 시장을 만들어야 하는데 우리나라처럼 보수적이고 개인 디자이너를 경시하는 곳이 아닌 개방적인 홍콩에서 시작하면 좋을 것이다. 홍콩의 시장은 앞에서도 말한 바와 같이 개인이라도 디자인 제품을 존중해 주는 환경이 조성되어 있고, 더불어 전 세계 바이어들의 시장 조사 지역으로도 알려져 있다. 따라서 디자인으로 자신의 브랜드를 알리다 보면 의외의 결과도 도출되는 곳이니 도전해 볼 만한 가치가 있다.

　물론 처음에는 브랜드와 디자인을 직접 들고 다니면서 숍들을 찾아 다녀야 한다. 또한 약간의 자금을 투자하여 숍을 여는 것도 한 방법이다. 창업 자금은 5,000만 원을 넘지 않으니 홍콩에서의 창업을 생각해 볼 필요가 있다.

창업 자금 분석

(A급 위치, 12평)

임대료(2개월치 보증금+1개월치 선납)	1,230만 원
인테리어비	2,500만 원
제품 구입비(위탁상품 외 일부 직접 구입)	300만 원
+ 잡비	300만 원
● 합계	4,330만 원

월 순수익 분석

(Design Tshirts Store graniph 침사추이 지점, A급 쇼핑몰에 입주, 26평)

매출액	9,180만 원
− 월 임대료	2,700만 원
상품 구입비	1,800만 원
인건비(일반직원 2명, 판매직원 2명, 파트타임 1명)	1,000만 원
홍보 및 잡비	1,800만 원
● 순수익	1,880만 원

한국인 창업 지수

안정성	★★★	투자성	★★
수익성	★★★	위험성	★★
시장성	★★★★	운영성	★★★

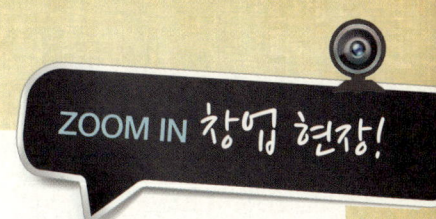

1 홍콩은 개인의 디자인과 브랜드를 존중해 주는 환경이 조성되어 있다.
2 티셔츠는 디자인 표현에 제한이 없고 대중성을 가지고 있다.

창업 Point

디자인 티셔츠 판매점은 10평 미만에서 시작하는 것이 운영하는 데 부담이 없다. 또 다른 개인 브랜드숍과 제품을 교환하여 진열하는 것도 좋은 홍보 방법이다.

Tip

티 로커는 2013년 1월에 상호를 '디자인 티셔츠 스토어 그라니프'로 바꿔서 영업 중이다.

item16 | 홍콩에서의 성공을 부르는 창업 아이템 |

1인 가구를 잡아라 | 미니 창고

● 蘋果迷你倉

주소   九龍觀塘開源道 73號
        業發工業大廈二期 4樓G及H室
전화번호 8208 9822
영업시간 24시간, 연중무휴
주요 사업 개인 및 기업 물품 보관서비스

　　홍콩 통계청의 조사에 따르면 20대 중 절반이 1인 공간인 원룸에서 거
주한다고 한다. 근본적으로 사회 구조가 변하지 않는 이상 이 현상은 앞
으로도 계속될 것이다.

　　1인 가구가 늘어날수록 싱글족을 위한 반찬집, 셀프 세탁실, 시간제 청
소 사업 등 관련 아이템 또한 늘어가고 있다. 홍콩은 오래전부터 1인 가
구를 대상으로 하는 서비스 사업이 발달하여 참고할 것들이 많다.

　　그중에서 홍콩에서 유행하는 '미니 창고(迷你倉)'라는 사업이 있다. 이
사업은 생각보다 수요자가 많아 홍콩뿐만 아니라 대만, 중국 등에서도 유
행하고 있다. 미니 창고란 가로 50cm, 세로 1m 이상의 창고 공간을 말하
는데 시간에 관계없이 어떤 물건이라도 보관할 수 있는 서비스이다. 이용
가격은 회사마다 차이가 나지만 월 1만 5,000원 정도면 창고 공간 하나를

이용할 수 있다.

한 물류 창고 업체가 남는 공간에 개인들의 물건을 받아 주다 수요가 많아지자 본격적으로 미니 창고를 만들어 시작한 것이 시초였다. 미니 창고를 이용하는 수요자는 1인 가구에서부터 작은 회사까지 생각보다 광범위하다. 또한 계절마다 안 쓰는 물건이라든지 회사의 주요 서류 등의 이용 품목도 무궁무진하다.

1인 가구에게 필요한 하나의 아이템에 불과하였던 미니 창고 사업이 홍콩에서 유행하게 된 결정적 이유는 정부 정책에서 찾을 수 있다. 홍콩 정부가 미래 유망 사업으로 와인 사업을 지정하였는데, 미니 창고가 와인을 보관해 주는 서비스를 실시하자 수요자가 급증한 것이었다. 이에 프랜차이즈 사업자들도 뛰어들면서 하나의 사업 트렌드로 만들어졌다.

요즈음은 경쟁이 치열하여 차별화된 서비스를 많이 하고 있는 편이다. 일부 회사는 미니 창고 위에 박스함을 별도로 만들어 택배 보관 서비스를 실시하기도 하고 또 다른 회사는 각 지하철 역 근처에 지점을 세워 고객이 어디에서도 자유롭게 이용할 수 있도록 하였다.

이 사업은 외국인 입장에서도 창업하기 좋은 아이템이다. 급격한 매출 상승은 없지만 매월 매출이 일정해 안정적 수익을 볼 수 있는 아이템이기 때문이다. 지금은 자본력이 있는 회사들이 경쟁하다 보니 개인이 창업하기에는 무리가 있다.

미니 창고의 투자 방식은 회사마다 차이가 많이 난다. 프랜차이즈 가맹점으로 등록하여 서로의 지점을 개방하는 투자 방식이 있는가 하면 일부 회사는 창고를 개당으로 투자받아 월 정액을 수익으로 정산해 주기도 한다.

미니 창고의 매력은 뭐니 해도 공간을 이용하여 수익을 발생시키는 안정적 사업이란 점이다. 창업 자금도 다른 업종에 비해 부담이 없고, 고정 지출이 많이 들지 않으면서 계속적 투자를 받으며 사업을 늘려갈 수 있다. 현재로는 한국이나 일본 등의 교민이나 교민 회사를 상대로 영업하면 충분히 수익을 볼 수 있으리라 본다.

왜냐하면 한국인이나 일본인은 다른 민족에 비해 폐쇄적 성향이 강하여 어떤 서비스를 이용하려 할 때 같은 나라 사람들이 운영하는 회사를 선호한다. 그래서 한국의 물류 회사가 홍콩에 지사를 내면 홍콩 물류 회사를 이용하던 한국 업체는 대부분 이곳으로 바꾼다. 가격이 비싸도 상관 없이 옮길 정도다. 민족적 동질성이 이성적인 사업 관계를 뛰어넘는 셈이다.

창업을 대박의 관점이 아닌 생업으로 생각한다면 수익률은 높지 않더라도 안정적인 아이템을 선택해야 오래 간다. 그래서 공간 수익 사업인 미니 창고는 이용 특성상 연간 회원으로 가입하는 경우가 많은데, 이 때문에 안정적인 수입이 보장된다고 할 수 있다.

특히 이민을 생각하는 사람들은 장기적으로 운영이 가능한 이런 아이템을 선택해야 한다. 그들과 상담하다 보면 대박 아이템을 추천해 달라는 어이없는 경우를 종종 본다. 이민과 대박 아이템은 서로 상반되는 조합이다. 이민을 생각하는 창업자들은 대박이 아닌 평생 동안 장기적으로 운영이 가능한 업종을 선택해

홍콩에서의 성공을 부르는 창업 아이템

야 실수가 없다. 대박은 아니지만 안정적 수익이 나오는 아이템들은 공간을 이용하는 수익 사업이 대부분이다. 그런 업종 가운데 심사숙고해 아이템을 선정하여야 한다.

창업 자금 분석
(공업 단지, 50평)

	임대료(2개월치 보증금+1개월치 선납)	1,350만 원
	인테리어비	1,200만 원
	창고 설비(40개)	2,000만 원
+	잡비(부동산 소개비 등)	200만 원
•	합계	4,750만 원

월 순수익 분석

	매출액	2,000만 원
−	임대료	450만 원
	인건비(직원 2명)	360만 원
	홍보비	450만 원
	잡비(공과금 포함)	100만 원
•	순수익	640만 원

한국인 창업 지수

안정성	★★★★		투자성	★★★
수익성	★★★		위험성	★★★
시장성	★★★★		운영성	★★★★

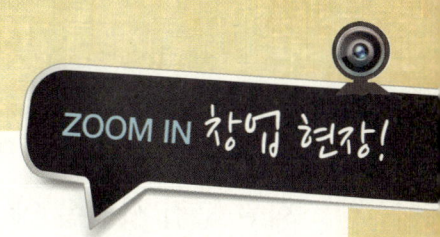

1 미니 창고는 계절마다 안 쓰는 물건이나 회사의 주요 서류를 보관하는 용도로 이용된다.
2 미니 창고 사업은 생각보다 수요자가 많아 홍콩뿐만 아니라 대만, 중국 등으로 퍼지고 있다.

창업
Point

미니 창고 사업은 시장 수요로 보건대 시장 선점 업체 외에는 경쟁력이 없기 때문에 개인 창업을 하기에는 무리다. 따라서 자금에 따라 프랜차이즈 업체가 운영하는 위탁 투자 방식을 선택해야 한다. 이때 1회 가맹비만 받는 경우, 월별로 로열티를 받는 경우, 창업 후 업체를 서로 이용하는 경우 등 다양한 조건이 있다. 그래서 자신에게 맞는 업체를 잘 선별하는 안목이 필요하다.

Tip

미니 창고는 크기에 따라 가격이 다르다. 개인 업체들은 협약을 통해 네트워크를 구축하였기 때문에 연계 서비스를 이용할 수 있다.

item17 | 홍콩에서의 성공을 부르는 창업 아이템 |

회원 모집 사업은 안정적이다 | 박스 임대업

• Sims City

주소 旺角信和中心2樓248鋪
전화번호 6804 6808
영업시간 오후 2시~오후 10시
주요 사업 개인 창업자 대상의 판매 공간
임대업

　예비 창업자들은 아이템을 찾기 위해 해외를 다녀오기도 하는데 그중에서 가장 많이 가는 나라가 일본이다. 아이디어 천국인 일본은 분명히 좋은 아이템 발굴 장소이지만 우리나라에서의 성공 여부를 검증할 방법이 특별히 없다는 것이 문제다. 그렇다고 검증되지 않은 아이템으로 무작정 모험할 수는 없다. 이때 간단하고 객관적으로 검증할 수 있는 방법이 있는데, 바로 교차 아이템을 분석하는 것이다.

　일본에서 유행하는 아이템을 도입한 홍콩이나 제3국에 시장의 동질성과 도입 시기 그리고 지속 기간을 확인하고 비교하면 최소한의 분석은 된다.

　홍콩을 '리틀 일본'이라고도 한다. 그 이유가 부동산 임대 조건과 거주 환경 등이 비슷하고 30년 전부터 생활 속에 일본 문화가 스며들면서 자연스럽게 일본에서 사업 아이템을 들여오는 것에 거부감이 없어졌기 때문이다.

그러다 보니 일본에서 시작된 아이템은 홍콩으로 유입되는 것이 당연하게 여길 정도로 보편화되었다. 그래서 수없이 많은 아이템이 홍콩으로 도입되었다. 그중에서 '박스 임대업'은 도입을 넘어 현지화에 성공한 베스트 아이템이다. 또한 홍콩 점포 창업자가 선호하는 인기 아이템이기도 하다.

박스 임대업은 한마디로 창업자에게 판매 장소를 빌려 주는 사업이라 할 수 있다. 홍콩은 일본과 마찬가지로 임대료가 너무 비싸 창업자로 하여금 점포 창업을 망설이게 하는데, 그런 틈새를 파고들어 사업화에 성공한 것이 바로 박스 임대업이다.

소자본 창업자들의 판매 공간은 대부분 온라인에 한정되어 있다. 그들은 오프라인에서 작지만 내 점포를 임대해 상품을 팔고 싶은 마음이 간절한데, 박스 임대업은 바로 니즈(needs)를 파고든 사업이다. 박스 임대업은 오프라인 판매 공간을 빌려주는 간단한 프로세스이지만 홍콩에서 15년간 꾸준히 발전할 정도로 검증된, 안정적 수익 구조를 갖고 있는 아이템이다.

박스 임대업 매장이 많이 몰려 있는 홍콩의 몽콕(旺角)은 한국의 종로와 비슷한 젊은이의 거리다. 그래서 홍콩인들 입장에서도 욕심 나는 창업 장소이다. 몽콕 중심, 신화 중심(중심이라는 것은 센터를 말함) 빌딩 안으로 들어가면 팬시, 피규어 등의 상품뿐만 아니라 홍콩 젊은이들의 문화와 유행을 느낄 수 있기 때문에 한국의 창업자들 또한 꼭 한 번은 가 봐야 한다.

각 층마다 판매 상품별 또는 테마별로 모여 있고 각각의 숍들은 약

3~8평 정도 되는 작은 공간에 판매 상품을 최대한 효율적으로 배치하고 있다. 그리고 아파트처럼 높게 쌓인 유리로 된 작은 박스(높이 30cm×가로, 세로 45cm) 안에 상품을 놓고 판매한다. 1개의 박스 공간에 3만 원, 3개는 개당 2만 5,000원 정도 받고 빌려 준다. 회원제로 운영되며 회비는 매월 약 2만 원이다.

몽콕 중심, 신화 중심 숍들은 거의 박스 임대업을 한다고 보면 될 정도로 인기가 많아 창업 대기자들은 항상 예약을 해야 한다. 박스 임대업은 취미 위주의 상품이나 수공예품 등 작은 상품에 적합하지만 그 외 상품을 판매하는 데에도 제약은 없다. 소비자 입장에서는 한곳에 모여 있는 상품을 보며 유행과 취향에 따라 구입하니 편리하고 임대 회원은 적은 임대료를 내고 오프라인 판매 공간에서 상품을 팔 수 있을 뿐만 아니라 상품 인지도를 높일 수도 있으니 좋다. 그리고 박스 임대 사업자는 회원제 운영으로 일정 수익이 보장되다 보니 이보다 더 인기 있는 사업이 없는 것이다.

박스 임대업 매장 심스 시티(Sims City)는 약 5평 되는 작은 공간에 90개의 임대 박스가 설치되어 있다. 임대율은 매월 90% 이상이고 회비는 월 2만 원에 박스 하나당 4만 원 정도를 받는다. 그리고 진열대나 쇼 윈도우 위치에 따라 차등 요금제로 운영되는데 좋은 위치는 약 6만 원을 받는다. 판매 수수료도 상품에 따라 12% 범위 내에서 별도로 받는다.

이 아이템의 유일한 단점이라면 판매 영업장이 작다는 것이다. 하지만 하지만 대기 임대인도 판매 기회를 갖도록 한 교체 진열 방식을 채택해 그 단점을 보완하였다. 이는 회원 이탈을 방지하고 작은 공간을 효율적으로 사용하기 위한 방법으로 나온 대안이다.

또 박스 임대업자가 수공예, 액세서리 공
예 등 그 방면에 취미 활동을 하고 있거나
경력이 있으면 경쟁력 면에서 높다.

홍콩에서 박스 임대업을 하려면 직접 운
영하는 것보다 구좌 투자 운영이 좋다. 구
좌 투자란 진열 박스에 대해 보증금을 내고
박스당 수익을 받는 것으로 현재 홍콩의 박
스 임대 프랜차이즈 회사들이 하는 방식이다. 외국인 입장에서 직접 운영
보다는 간접 투자로 수익을 얻는 방법이 좋다.

현재 박스 임대 사업은 프랜차이즈 회사들이 참여하면서 시장이 계속
확대되고 있다. 지역 또한 홍콩을 넘어 중국 광저우 및 남부에서도 소자
본 창업으로 성업 중이고, 중국 북쪽으로도 계속 확대 중에 있다.

창업 자금 분석

	임대료(2개월치 보증금+1개월치 선납)	900만 원
	인테리어	1,800만 원
	상품구입비	400만 원
+	유리박스(90개)	480만 원

● 합계   3,580만 원

월 순수익 분석

	매출액(수수료 매출액 포함)	690만 원
−	임대료	300만 원
	인건비(파트타임 1명)	120만 원
	상품 구입비(운영에 따라 직접 구입 가능)	없음
	잡비(전기료, 제반세금)	30만 원

● 순수익   240만 원

한국인 창업 지수

안정성	★★★★	투자성	★★
수익성	★★★	위험성	★★
시장성	★★★★	운영성	★★★★

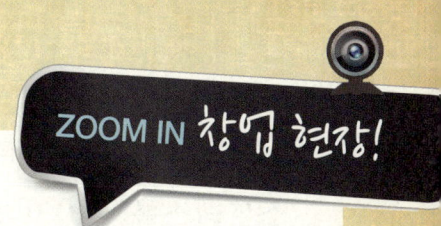

1 몽콕 중심, 신화 중심 빌딩은 홍콩 젊은이들의 문화와 유행을 느낄 수 있기 때문에 한국의 창업자들은 꼭 한 번 가 봐야 할 장소이다.

2 3~8평 정도 되는 작은 공간에 판매 상품을 최대한 효율적으로 배치하였다.

창업
Point

박스 임대업은 수익 구조가 명확한 편으로 운영의 투명성이 있다.

Tip

임대 장소를 제3자에게 다시 재임대하는 영업 방식은 사전 계약이 없을 시에는 불법으로 간주된다.

스트레스를 날려 버려라 | 셀프 화실

• Drawn to life •

주소 葵涌葵豐街 41-45號
    安福工業大廈 2樓 D室
전화번호 3488 5777
영업시간 오전 12시 ~ 오후 9시
주요 사업 캔버스 임대(1시간에 1만 원~)

    홍콩은 빌딩으로 이루어진 도시이기 때문에 일상생활에서 갑갑하고 답답함을 느낄 때가 많다. 그래서 각자 나름의 스트레스 해소 방법을 찾는다. 이런 스트레스를 사업의 아이디어로 발전시킨 것 중 하나가 바로 '셀프 화실'이다.

    셀프 화실이란 캔버스, 미술 도구 등의 일체가 갖춰진 화실에서 그림을 그리거나 휴식을 취하며 담소를 나눌 수 있는 장소를 말한다. 어찌 보면 미술 심리 치료실의 무거움을 가볍게 변화시킨 곳이라고도 할 수 있다. 그래서 홍콩인들은 셀프 화실을 '프리(free) 장소'라고도 부르는데, 이는 '스트레스 해소 장소'라는 뜻이다. 요즈음 이런 셀프 화실에 손님이 엄청 몰린다. 그만큼 홍콩에는 스트레스를 풀 마땅한 장소가 많이 없기 때문이다.

    아트 잼(Art Jam)은 홍콩에 셀프 화실의 개념을 최초로 도입한 프랜차이즈 업체다. 그래서 셀프 화실하면 '아트 잼'으로 통용될 정도로 인지도가 높다.

홍콩 전역에서 운영 중인 아트 잼의 주요 고객은 여성 직장인과 가정주부가 70% 이상이다. 종종 부모를 따라 어린 아이들이 오는 경우도 있다. 그러기에 아이들의 공동 놀이방도 되고 주부들의 사랑방도 된다. 저녁이나 공휴일에는 파티 장소로도 빌려 준다.

셀프 화실은 주 고객이 여성이라는 것이 특이한데 그만큼 여성들은 스트레스를 해소할 마땅한 곳이 없다는 뜻이다. 또 다른 특이점은 고객이 이용하다 본인이 창업하는 경우가 많다는 점이다.

캐미(Cammy) 또한 아트 잼을 다니던 고객이었다. 그녀는 셀프 화실의 사업성을 발견하고 독립형 셀프 화실인 드로운 투 라이프(Drawn to life)를 오픈하였다. 캐미가 오픈한 장소는 임대료가 싼 도시 외곽에 있는 추엔 완(荃灣 工業)이라는 공업단지의 20평짜리 공간이었다. 월 임대료는 약 75만 원이었다. 홍콩의 임대료 현실을 고려해 보면 싸게 얻은 것이었다.

캐미는 전기 시설 외의 모든 실내 장식을 직접 하였다. 그리고 카페와 화실을 합친 형태로 인테리어를 꾸며 그림을 그리다 휴식하면서 담소를 나눌 수 있도록 하였다. 물론 전문가가 아닌지라 인테리어의 차별성도 없었고, 공업단지 안에 있어 환경 또한 열악하였지만 이렇게 비용 절감을 한 덕분에 창업 비용은 1,000만 원밖에 들지 않았다.

캐미는 처음에는 손님들이 뭐하는 곳인지 몰라 고객 확보가 힘들었다며 초창기의 고충을 털어 놓았다. 신개념의 시설이다 보니 셀프 화실이 무엇을 하는 곳인지 알리는 것이 무엇보다 중요했다. 화실보다도 스트레스 해소의 공간으로 알려야 고객에게 이질감이 없다.

셀프 화실은 고객 재방문율이 70%에 이르고 만족도도 높다. 일반인은 시간당 1만 원을 받고, 학생은 미술 지도비를 포함해 시간당 1만 5,000원을 받는다. 학생들 입장에서도 저렴한 비용으로 그림을 그릴 수 있고 전문 미술 학원 역할을 겸하게 되니 좋을 듯싶다.

드로운 투 라이프는 창업 자금을 3개월 만에 회수하였다. 현재는 회원수 300명에 평균 월 순수익 300만 원이 나올 정도로 안정적으로 운영되고 있다.

좋은 아이템은 대중성, 안정성, 수익성, 투자성에서 고루 높은 점수가 나와야 한다. 셀프 화실의 경우는 공간 비용 수익 사업이면서 비용이 많이 들지 않는 소자본 창업이다. 게다가 '미술'이라는 차별화가 있으니 높은 점수를 받는 좋은 아이템이라 할 수 있다.

'인류의 문화는 벽화에서 시작됐다'는 말이 있듯 사람은 본능적으로 그

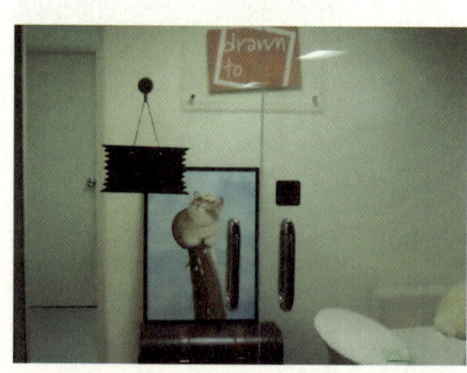

림 그리는 것을 좋아한다. 또한 미술이 정신적 치유에 일정한 영향을 미친다는 사실은 익히 잘 알려져 있다. 어떠한 상황에서 충격을 받으면 논리적인 이야기보다 그림으로 표현하는 것이 심

홍콩에서의 성공을 부르는 창업 아이템

리적으로 안정되고 설명하기 쉽다고 하는데 셀프 화실은 이런 미술 치료실 역할도 하고 있다.

우리나라 미술 학원에 셀프 화실을 접목시키면 좋은 아이템이 될 수 있을 것이다. 셀프 화실의 모델을 그대로 따라하거나 약간 변형시켜 운영하면 그리 어렵지 않을 것이다. 다만 기존에 없는 시장이니 홍보를 통해 새롭게 인식시키는 것이 관건이다. 미술 관련학과 졸업생들이 재능을 발휘할 수 있는 좋은 아이템이다.

창업 자금 분석

	임대료(2개월치 보증금+1개월치 선납)	225만 원
	재료 구입비	450만 원
	인테리어비	350만 원
+	잡비	50만 원
●	합계	1,075만 원

월 순수익 분석

	매출액	980만 원
−	임대료	75만 원
	재료 구입비	200만 원
	인건비(파트타임 2명)	280만 원
	잡비	100만 원
●	순수익	325만 원

한국인 창업 지수

안정성	★★★★	투자성	★
수익성	★★★	위험성	★★★
시장성	★★★	운영성	★

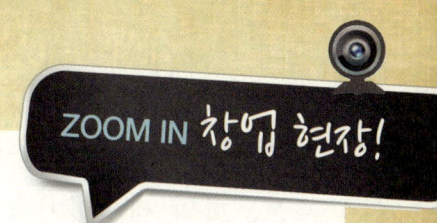

1 고객이 빈 몸으로 와서 언제든 그림을 그릴 수 있도록 미술 도구 일체가 준비되어 있다.
2 셀프 화실은 아이들의 공동 놀이방도 되고 주부들의 사랑방도 된다. 저녁이나 공휴일에는 파티 장소로도 빌려 준다.

창업
Point

셀프 화실은 미술 관련학과 출신이 경쟁력이 있다.

Tip

홍콩은 임대 관리 회사가 따로 있어 외국인도 임대 사업하는 것이 수월하다.

item19 | 홍콩에서의 성공을 부르는 창업 아이템 |

전문화와 세분화가 포인트다 | 이어폰 전문 판매점

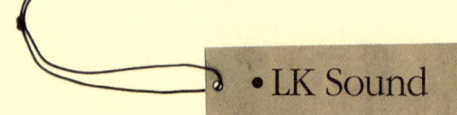

주소 銅鑼灣東角道24-26號 東角Laforet
239號舖

전화번호 2882 6377

영업시간 월~토요일 오후 2시~오후 11시,
일요일 오후 1시~오후 10시

주요 사업 이어폰, 헤드폰 판매

흔히 홍콩을 '샘플 쇼룸'이라 말한다. 그 이유가 살인적인 임대료, 무관세의 자유 가격 경쟁 속에서 살아남은 국제적인 제품을 볼 수 있기 때문이다. 홍콩에서는 결코 평범한 아이템을 갖고는 사업을 할 수가 없다. 창업 후 몇 개월만 지나도 임대료 부담으로 인해 운영 자금에 큰 문제가 생길 수 있기 때문이다. 그래서 사업 가능한 아이템을 검증하고 또 검증해서 창업해야 한다.

이 말을 달리 표현하면 홍콩에서 판매하는 상품 및 운영 중인 사업 아이템은 이미 검증을 거쳤다고 볼 수 있다는 뜻이다. 특히 홍콩에서는 한 품목만을 판매하는 전문 점포를 운영하거나 그 상품군을 세분화하여 매출의 극대화하는 것이 특징이다.

홍콩 매장들은 왜 전문화 및 세분화를 우선적으로 할까? 그 이유는 전문화는 상품에 대한 신뢰성을 구축할 수 있게 해 주고 소비자의 충성도를 높일 수 있기 때문이다. 또한 그것을 통해 다양한 가격과 상품의 세분화가 생기고 인지도도 높아진다.

전문화와 세분화를 통해 성공한 숍을 살펴보자. 올해 서른인 젊은 사장 캠포스(Campos)는 자본금 1,000만 원을 투자하여 일본 샤프(sharp)의 오디오-테크니카(audio-technica) 이어폰을 온라인으로 판매하였다. 그리고 이후 종자돈을 마련하여 이어폰과 헤드폰만을 전문으로 판매하는 '엘 케이 사운드(LK Sound)'를 오픈하였다.

그는 고객에게 이어폰의 성능을 직접 체험하게 한 후 품질에 대해 함께 평가하며 자연스럽게 구매를 유도하는 전략을 썼다. 한마디로 신뢰에 기반을 둔 판매 방식인데, 그러려면 판매자 자신이 이어폰에 대한 전문 지식이 있어야 가능하다.

또 하나 그는 개인 소매업에서는 거의 시도하지 않는 마케팅 방법을 활용하였다. 즉 신인 가수들에게 일본 샤프의 제품을 무료로 공급하는 것이었다. 예상보다 반응이 좋아 샤프의 홍콩 지사도 함께 홍보에 참여하였다. 일개 개인이 운영하는 가게에서 기업에서나 하는 프로모션을 한 것은 이례적이었다.

이후에 샤프와 더욱더 밀접한 제휴를 하게 되면서 엘 케이 사운드는 비록 작은 가게지만 이어폰 전문 판매점이라는 이미지 효과를 확실히 보게 되었다.

현재 엘 케이 사운드는 여러 브랜드 회사의 판매처 역할을 하면서 4개 지역에 매장을 두고 있다. 하지만 '8평 미만'이라는 원칙은 고수하고 있

다. 이유는 물론 임대료가 비싼 홍콩이라는 특수성도 있지만 이어폰, 헤드폰이라는 상품의 특성상 가게 평수가 작아도 구성이 충분할 뿐만 아니라 이어폰에 대한 집중도를 높이려는 전략 때문이기도 하다.

그래서 가게가 무조건 크다고 좋은 것이 아니다. 상품에 따라서는 오히려 작은 가게가 더 유리할 수 있고 전문화의 이미지를 줄 수 있을 뿐만 아니라 효율적이다. 그러한 가게는 이어폰 전문 판매점뿐만 아니라 초콜릿 전문 판매점, 캔디 전문 판매점 등도 해당된다.

이어폰을 다른 제품과 함께 팔면 그저 그런 일반 상품에 불과하다. 하지만 이어폰, 헤드폰만 팔면 가게의 이미지를 이어폰, 헤드폰 전문 매장으로 바꿀 수 있다.

홍콩의 전문점 형태의 미니 숍은 하나의 트렌드로 정착하였다. 자본 부담이 없으니 판매 상품에 대한 차별화만 둘 수 있으면 한번 도전해 볼 만하다.

시장 환경은 창업자 입장에서 굉장히 중요한 포인트다. 그런 관점에서 홍콩에서는 이어폰이라는 하나의 단일 제품으로도 얼마든지 창업에 성공할 수 있다는 점을 기억해야 한다. 이어폰은 우리나라에서도 얼마든지 팔 수 있다. 그러나 이어폰이라는 단일 품목을 갖고 우리나라에서 장사를 한다면 필자 또한 자신 있게 말하지 못한다. 그것은 상품 자체가 아니라 시장 환경이 문제이기 때문이다.

우리나라의 소비자들은 3~4평 정도 되는 점포에서 판매하는 상품에 대해 잘 신뢰하지 못한다. 그러다 보니 미니 점포를 열어 이어폰만을 판다면 당연히 불안할 것이다. 반대로 큰 매장에서 여러 상품들 중의 하나로 이어폰을 팔면 잘 팔리는 것은 자명하다.

홍콩이나 일본의 창업 시장에서 우리가 부러워해야 할 것 중 하나는 소비자의 인식이다. 그들은 5평 미만 미니 점포에서 파는 상품에 대한 신뢰가 형성되어 있다. 그래서 창업자들이 소자본으로도 얼마든지 점포를 가질 수 있는 환경이라 할 것이다. 현실에서 환경이 안 맞으면 맞는 곳에서 창업을 하면 된다.

창업 자금 분석

(엘 케이 사운드 본점 기준)

임대료(2개월치 보증금+1개월치 선납)	660만 원
인테리어비	1,200만 원
제품 구입비	800만 원
+ 잡비	120만 원
• 합계	2,780만 원

월 순수익 분석

매출액	2,000만 원
− 임대료	220만 원
제품 구입비	1,000만 원
인건비(파트타임 2명)	220만 원
잡비	120만 원
• 순수익(할인 제품 포함으로 순수익은 유동적)	440만 원

한국인 창업 지수

안정성	★★★	투자성	★
수익성	★★★	위험성	★
시장성	★★★	운영성	★★★

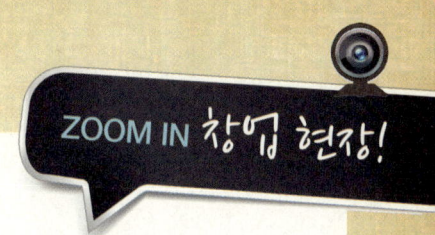
1 판매자가 상품에 대한 지식이나 노하우가
  있어야 고객의 신뢰를 받는 전문점이 된다.
2 이어폰, 헤드폰이라는 상품의 특성상 가게
  평수가 작아도 구성이 충분하다.

창업
Point

미니 점포는 일반적으로 집중되어 있다. 또한 고객의 80%는 여성이므로 여성 관련
상품 판매가 적합하다.

Tip

홍콩은 개인 창업 공간으로 5평 미만이 가장 많고, 임대료는 우리나라의 40% 정도라
고 생각하면 된다.

4장

4,000만 명의 관광객을 잡아라

홍콩에는 우리나라 전체 인구 중에 5분의 4에 해당하는 연간 4,000만 명 이상의 관광객들이 몰려온다. 관광 산업은 모든 소비 업종과 직접적인 관계를 맺고 있기 때문에 활성화가 이루어질수록 창업자들에게 새로운 시장이 열린다는 것을 뜻한다. 그래서 홍콩에서는 일반 식당을 해도 관광객을 잠재적 고객으로 예상하고 운영해야만 할 정도로 어떤 사업을 해도 관광객과 관련한 사업을 해야 한다.

item20 | 홍콩에서의 성공을 부르는 창업 아이템 |

연금보다 나은 수익 사업 | 게스트 하우스

• Yesinn Hostel

주소 香港銅鑼灣 軒尼詩道472號
南業大廈2-9樓
전화번호 2881 7077
영업시간 연중무휴, 24시간
주요 사업 숙박업(50인실, 1~7층 사용)

홍콩에는 연간 4,000만 명 이상의 관광객들이 몰려온다. 그래서 숙박 시설이 항상 부족하고 숙박 비용 또한 세계 어느 국가나 도시보다 비싸다. '행복한 비명을 지르는 것은 숙박업뿐이다'라는 말이 나올 정도다. 그만큼 숙박업은 다른 업종과 비교 불가능할 정도로 독보적이면서 안정적인 수익 아이템이다. 외국인에게 이렇게 완벽에 가까운 창업 아이템은 없다고 본다.

홍콩에서 숙박업이 이렇게 잘되는 이유는 관광 시장 현황을 찾아보면 금방 알 수 있다. 홍콩의 숙박 시설은 2011년 기준으로 호텔 190여 개, 등록 게스트 하우스 646개 등 총 6만 9,041실이 있다. 관광객 수와 객실 수를 단순 비교해 봐도 숙박 시설은 턱없이 부족한 상황이다. 여기에는 물론 등록이 안 된 게스트 하우스는 포함하지 않았다.

사정이 이러다 보니 성수기 때나 전시회 기간 중에는 아예 방이 없다. 돈이 있어도 방을 구할 수 없는 상황인 것이다. 그렇다면 이렇게 숙박 시설이 부족할 정도로 홍콩 정부가 관광객이 증가한다는 사실을 예측하지 못한 것일까? 아니다. 이는 특정 국가의 변수를 생각하지 못한 것이다.

그 시초는 바로 2005년에 홍콩 전역을 휩쓸었던 사스(SARS)였다. 이 때 홍콩의 관광 사업은 물론 전 부문에 걸쳐 위기가 번졌다. 그러자 홍콩 정부는 중국 본토에 긴급 구조 요청(SOS)을 보냈다.

이에 중국은 곧바로 개인여유법(個人旅遊法)을 만들어 각 지역별로 인원을 강제 할당해 홍콩에 보내기 시작했다. 또한 중국과 홍콩 간 비자 협정을 맺어 1일 비자, 7일 비자 등을 발급하였다. 이때부터 홍콩 어느 곳에 가든지 중국 본토 사람이 넘쳐 나기 시작하였다.

버스, 관광지, 식당, 쇼핑 등은 증가 변수에 즉각적 대처를 할 수 있었지만 호텔, 유스호스텔 등의 숙박 시설은 수요를 따라가지 못하는 현상이 발생하였다. 홍콩 정부는 2016년까지 38개의 호텔을 신규로 짓겠다고 발표했지만 그래도 수요를 충족시키지 못한다는 통계가 나왔다. 이에 그 틈새를 게스트 하우스들이 채우기 시작하면서 홍콩 사람, 한국 사람 등 너나 할 것 없이 이 사업에 뛰어들었다.

홍콩에 한국인이 운영하는 게스트 하우스는 약 30여 개로 추정된다. 이처럼 추정치로 이야기할 수밖에 없는 이유는 허가를 안 받고 운영하는 업체가 많기 때문이다. 숙박업 허가를 받으려면 소방 시설에 맞게 실내 구조를 갖춰야 하는데, 그 비용이 만만치가 않다. 이는 임대료 증가로 이어져 수익이 적어지는 결과를 가져올 수밖에 없다.

하지만 홍콩의 소방법과 위생법은 예외가 없을 정도로 가히 절대적이다. 홍콩은 고층건물로 이루어진 도시이기 때문에 화재는 재앙과도 같다. 더구나 숙박 시설은 사람이 모여서 휴식을 취하는 곳이라 화재 안전시설이 더 엄격하게 적용된다.

숙박업 허가를 받으려면 최소 9인실이 되어야 하고 소방 통로를 확보해야 한다. 하지만 일반적으로 9인실을 만들려면 대부분 한 층을 전부 다 써야 하고, 그 정도의 공간을 확보하는 것이 홍콩에서는 쉽지 않다. 그래서 이게 간단한 일이 아니다.

또한 소방 허가 조건인 직선 통로 및 불연재 자재로 인테리어 공사를 하면 생각보다 투자금이 많이 든다. 더군다나 소방처 검사 시 허가 조건에 안 맞으면 다시 공사를 해야 하고 임대 장소의 계약 만료 시에는 처음 입주한 원상태로 임대 장소를 돌려놓아야 한다. 이런 절차를 무시하고 허가 없이 숙박업을 하게 되면 2년 이하 징역이나 2,900만 원의 벌금을 물게 된다. 적발되고도 계속 영업을 하다가 걸리면 하루에 290만 원이 추가된다. 결국 돈 벌어 벌금 내고 패쇄 조치를 당하면 망하는 것이다.

2010년부터 2012년까지 2년 동안 홍콩 정부가 무허가 게스트 하우스를 대대적으로 단속해 많이 없어졌다. 하지만 계속적으로 새로운 게스트 하우스들이 들어서고 있다. 이는 그만큼 게스트 하우스가 환금성이 높고 예측 가능한 안정적 사업이라는 증거다.

게스트 하우스의 매력은 다른 업종에 비해 수요(관광객)만 많으면 관리가 편하다는 것이다. 그래서 홍콩에서는 이 사업을 '인두세(人頭稅)를 걷는 사업'이라 말할 정도이다. 사람 수만큼 세금을 걷는다는 뜻으로 관광객에게 정해진 세금을 받는 식으로 정확하게 돈을 벌 수 있다는 뜻이다.

A라는 게스트 하우스는 30평 공간에 12인이 이용할 수 있는 시설을 만

들었다. 1인 하루 숙박비
가 6만 원으로 1인당 연 평
균 순수익은 20% 이상 나
온다. 최근에는 2호점을 냈
다(다른 아이템과 달리 이니
셜 A라고 표시하는 이유는 무
허가 게스트 하우스이기 때문
에 실제 상호를 공개하면 단속에 걸릴 확률이 100%에 가깝기 때문이다). 우리나라
모텔의 평균 수익률이 연간 6~10%인 것에 비하면 2배 이상이다. 또 하
나의 매출 요인 분석인 객실 점유율을 보더라도 홍콩의 게스트 하우스는
안정적 사업이라 할 수 있다.

홍콩 객실률 현황

연도	특1급(A)		평균	특1급(B)		평균	2급		평균	게스트 하우스		평균
	호텔 수	객실	객실 률	호텔 수	객실	객실 률	호텔 수	객실	객실 률	모텔 수	객실	객실 률
2008	24	13,570	79%	48	18,468	87%	66	16,375	86%	546	5,469	78%
2009	27	15,116	72%	55	21,638	81%	71	17,342	80%	591	5,759	70%
2010	29	16,052	81%	58	21,432	88%	72	17,591	90%	619	5,926	82%
2011	32	17,181	85%	69	24,315	91%	78	17,072	93%	646	6,211	86%

출처 : 홍콩 호텔업 협회

보통 '거래 비용'과 '공간 비용'을 이용한 사업이 가장 좋은 수익 사업

으로 평가받는다. 거래 비용 수익 사업이란 거래 시 수익이 발생되는 사업으로 은행, 환전소 등이 있고, 공간 비용 수익 사업은 단순 공간만을 이용한 수익 사업으로 호텔, 게스트 하우스 등이 있다.

앞서 설명한 것처럼 홍콩의 게스트 하우스 시장 환경을 다른 도시와 비교했을 때 절대적으로 안정적이다.

하지만 허가 조건이 까다로워 한국인의 입장에서는 약간의 핸디캡이 있다고 볼 수 있다. 그래서 간접 투자 운영 방식이 대안이 될 수 있다. 필자가 아는 유스호스텔도 여러 명이 함께 투자를 하는 간접 투자 방식으로 운영되고 있는데, 번화가에 있는 건물의 1~7층까지를 사용하면서 1년 내내 흑자를 기록하고 있다.

간접 투자 운영에는 여러 방식이 있다. 직접 투자하여 운영만 현지 업체에 맡기는 방식과 운영 주체가 직접 투자한 후에 룸(Room) 계좌제를 통한 투자 방식 등이 있다. 계좌제란 투자 금액에 따라 1구좌를 주는 것으로 보통 1룸이 1구좌이다. 이 방식은 소규모 투자 창업자에게 적합하다고 할 수 있다.

게스트 하우스에 간접 투자를 하려는데 홍콩에 인맥이나 지인이 없을

때에는 홍콩 호텔 협회에 게스트 하우스 업체 리스트를 요청하면 된다. 그 리스트를 보고 5년 이상 운영 경험이 있는 업체에 간접 투자를 맡기는 것이 좋다.

여기서 주의할 점은 한국

인이 운영하는 게스트 하우스 중 3분의 2는 무허가 업체라는 사실이다. 허가증을 걸어 놓은 곳도 자세히 보면 허가증이 아닌 사업자 등록증인 경우가 대부분이다. 그리고 한국 업체는 허가 유무와 상관없이 영세하여 간접 투자 운영 방식에 적합하지 않다.

창업 자금 분석

(간접 운영 방식의 1룸 투자 시)

인테리어 비용(내부 화장실, 샤워 시설 등)	1,800만 원
부대 집기	300만 원
+ 보증금(면적 및 객실에 따라 다르게 적용)	900만 원

● 합계   3,000만 원

월 순수익 분석

(1룸당 수익, 객실 점유율 70% 산정)

매출액	120만 원
− 임대료, 운영비	70~90만 원

● 순수익   30~50만 원

한국인 창업 지수

안정성	★★★	투자성	★★
수익성	★★★	위험성	★★
시장성	★★★★	운영성	★★★★

1 한국인이 운영하는 게스트 하우스 중 3분의 2는 무허가 업체이다.
2 게스트 하우스의 수익률은 연 20% 이상으로 안정적이다.

창업 Point

게스트 하우스는 자본을 회수하는 데 걸리는 기간을 염두에 두어야 한다. 그래서 개인 창업보다 룸(Room) 투자로 이자 수익을 내는 방식이 자본 부담도 없고 안정적이다. 직접 운영 시에는 게스트 하우스 허가증을 필히 발급받아야 한다.

Tip

홍콩인들이 운영하는 게스트 하우스에 적용되는 투자금이나 수익률에는 차이가 있다. 또한 한국인들이 운영하는 게스트 하우스는 라이센스 없는 곳이 대부분이다.

item21 | 홍콩에서의 성공을 부르는 창업 아이템 |

관광 관련 아이템은 언제나 매력적이다 | 저가 골동품점

• GORGEOUS

주소 上環 四方街 40 G/F
전화번호 N/A
영업시간 오전 11시~오후 9시
주요 사업 골동품 및 관광 상품 판매

서울의 인사동은 한국의 대표적인 전통 거리다. 골동품점들이 하나둘 모인 것이 시초였고, 그 뒤를 이어 자연스럽게 전통 찻집, 전통 선물 가게, 화랑들이 들어와 인사동만의 특색을 갖췄다.

지금은 프랜차이즈 커피숍과 식당들이 많이 들어서 있어 전통의 거리란 이름이 무색하지만, 그나마 인사동은 서울 안에서 외국인 관광객들이 전통의 체취를 느낄 수 있는 관광 자원이다.

관광 사업은 다른 말로 '현찰 사업'이라 부른다. 바꿔 말하면 돈(현찰)을 쓰려고 작정하고 오는 관광객을 상대로 하는 사업이란 뜻이다. 2012년에 우리나라는 해외 관광객 1,000만 명 시대를 맞이하였다. 사업적 측면에서 보면 해외 관광객(인바운드) 소매 사업은 예비 창업자들에게 '기회'다.

해외 관광 사업은 직접 관광객을 유치하는 여행사와 그 관광객을 상대로 상품이나 제품을 파는 개인 소매업자로 이루어져 있다. 그래서 관광객이 적었던 예전에는 소매업자가 여행사의 입김에 휘둘릴 수밖에 없었다. 하지만 해외 관광객이 연간 1,000만 명 이상이 들어오면 소매업자는 여행사의 영향에서 벗어날 수 있다. 즉 독자적으로 개인 관광객만을 상대로 운영해도 매출에 지장을 안 받는 수준이 된다는 뜻이다. 따라서 모든 소비 업종과 직접적 관계에 있는 관광 사업이 활성화될수록 창업자들에게는 새로운 시장이 열리게 된다.

더군다나 홍콩처럼 연간 4,000만 명의 관광객이 들어오는 나라에서는 식당을 하더라도 그들을 주 고객으로 염두에 두고 해야 한다.

홍콩에 들어오는 관광객들의 소비 분석을 해 보면 쇼핑과 의식주에 몰려 있는 것을 알 수 있다. 즉 관광업 자체보다는 그것과 관련된 업종이 더 잘된다는 것이다. 그래서 홍콩의 개인 사업자들은 관광 관련 소매업에 많이 종사하고 있다. 그중에서 저가 골동품점은 예비 창업자가 생각해 볼 수 있는 매력적인 관광 관련 아이템이다.

홍콩 내방 해외 관광객 소비 분석

관광객 소비 패턴	2010년	2011년
쇼핑	68.9%	66.6%
숙박료	14.2%	16.3%
외식비	9.3%	9.2%
엔터테인먼트 비용	3.1%	3.3%
관광	0.5%	0.6%
기타	4.0%	4.1%

출처 : 홍콩 관광청

홍콩의 셩완에서 운영 중인 저가 골동품
점 '고저스(GORGEOUS)'는 골동품에 대한
전문 지식이 없는 개인 사업자도 소자본으
로 할 수 있는 쉬운 업종이라는 것을 말해
주고 있다. 상점 안으로 들어가면 작은 공간
(7평)에 조그만 부처상부터 커다란 코끼리
상아까지 온갖 물건이 빽빽하게 들어차 있
어 골동품 판매점의 분위기를 풍기고 있다.

그러나 상점 안에 있는 물건들은 골동품으로 보기에는 어딘지 미덥지
않고 아니라고 하기에는 불분명하다. 가격을 물어 보면 조그만 부처상 하
나가 3만 원이라고 한다. 골동품 치고는 너무 싸고 그렇다고 짝퉁으로는
비싼 느낌이다.

고저스는 처음부터 골동품을 저가에 파는 전략으로 고객에게 다가갔다.
좀 더 정확히 말하면 골동품 흉내를 낸 상품을 판매하는 것이다. 이는 관
광객에게 일종의 선물용으로 비싼 골동품을 구입하는 것 같은 만족감을
준다. 그리고 진품 흉내를 냈다는 것을 알고 있기에 부담 없는 가격에 구
매한다.

관광 사업은 기본적으로 소비가 동반되는 구조다. 그래서 관광지의 특
징을 잘 살려 구매할 수 있는 환경만 조성하면 '조약돌'도 사 간다. 고저
스는 이런 특성을 잘 이용한 성공적인 사례다. 저가 골동품점은 판매 상
품에 제한이 없다. 그래서 일상생활에서 사용하다가 버린 제품부터 대량
생산되는 골동품까지 다양하게 공급받을 수 있다.

골동품점의 매력은 쓸모없는 물건을 부가가치가 있는 물건으로 만들어

판다는 것이라 할 수 있다. 단지 상상력을 발휘하여 골동품화하면 되는 것이다. 그 좋은 예가 인사동에서 판매한 조약돌이다. 흔한 돌을 대량으로 들여와 예쁘게 가공해서 팔았는데 소위 대박을 쳤던 것이다.

중국 광저우에 가면 인위적으로 골동품을 만드는 업자들이 있다. 부처상, 도자기 등을 파는 곳이라면 예외 없이 골동품 공급을 한다. 그래서 취향에 따라 공급 업체를 선택하기만 하면 된다. 조금 더 외곽으로 가면 갈수록 가격도 싸고 물건의 종류도 많다. 이 지역에서 거의 모든 골동품을 공급받는다고 생각하면 된다.

지난 15년 동안 홍콩에서 관광객 상대로 한 소매업의 폐업률은 채 10%도 안 된다. 그만큼 관광 관련 소매업은 일정한 고객(관광객)이 확보되는 환경이라면 장기간 수익을 올릴 수 있는 아이템이다. 그래서 꼭 저가 골동품점이 아니라도 유망한 창업 아이템으로 관광 관련 소매업을 생각해 볼 만하다.

창업 자금 분석
(A급 위치, 10평)

	임대료(3개월치 보증금+1개월치 선납)	800만 원
	상품 구입비	1,200만 원
	인테리어비	500만 원
+	기타 비용	130만 원

● 합계   2,630만 원

월 순수익 분석

	매출액	1,700만 원
−	임대료	265만 원
	인건비(파트타임 1명)	100만 원
	상품 구입비	800만 원
	잡비(중국 출장비, 운송비 포함)	100만 원

● 순수익   435만 원

한국인 창업 지수

안정성	★★★	투자성	★★
수익성	★★★	위험성	★★
시장성	★★★★	운영성	★★★★

1 관광객은 골동품점을 그냥 지나치지 않는다.
2 작은 공간에 조그만 부처상부터 커다란 코끼리 상아까지 온갖 물건이 빽빽하게 들어차 있다.

창업
Point

관광 관련 소매업은 관광객 수요가 매출 및 운영에 큰 영향을 미치므로 먼저 시장을 분석하고 관광객 선호도에 대한 조사를 해 두면 좋다.

Tip

모조 문화재를 진짜처럼 속여 비싼 가격에 팔면 불법이다. 하지만 저가 골동품은 흔히 볼 수 있는 물건을 골동품(사용 흔적)화하여 합리적인 가격에 팔기 때문에 정당한 사업이 된다.

item22 | 홍콩에서의 성공을 부르는 창업 아이템 |

높은 임대료 걱정은 그만! | 쇼핑몰 입점 창업

• Eton SOLO

주소 銅鑼灣 Eton SOLO商場
전화번호 N/A
영업시간 오전 10시~오후 10시
주요 사업 개인 쇼핑몰 분양

　의외로 홍콩의 경제 규모나 도시 소비력에 대해 잘 모르는 사람이 많이 있다. 홍콩은 세계에서 가장 비싼 쇼핑 도시이자, 연간 관광객 4,000만 명이 들어오는 소비 도시다.

　특히 홍콩의 주요 백화점이나 쇼핑센터 등은 중국 본토에서 건너온 관광객이 점령했다고 할 만큼 2012년만 해도 중국인 관광객 수는 18% 늘어났고 쇼핑 규모는 31%나 증가했다.

　그만큼 홍콩은 소비 경제로 보면 매력적인 도시이다. 또한 기초 경제가 튼튼하고 외부의 영향을 받지 않으니 개인 창업 환경으로 보면 천국이다. 그래서 '문만 열면 장사가 된다'는 말이 있을 정도다.

　하지만 홍콩 중심가의 한 달 평균 임대료가 1평당 400만 원에 이를 정도로 높은 임대료 또한 세계적으로 유명하다. 그래서 층수에 따라 임대료

172

차이가 큰 것은 당연한 것이고 중심가인지 외곽 지역인지에 따라서도 마찬가지다. 그러니 개인이 중심가에서 점포 창업을 한다는 것은 꿈에서나 가능한 것이다. 그럼에도 불구하고 홍콩의 20~30대는 점포 창업을 한다. 틈새 점포를 찾아 창업하기 때문이다. 틈새 점포라 함은 홍콩 중심가 곳곳에 세워진 개인 창업자 전용 쇼핑몰을 말한다.

보통 쇼핑몰의 전부 또는 일부를 잘게 쪼개어 개인 창업자에게 임대한다. 3평 정도가 제일 많고, 임대료 또한 70~150만 원 정도를 넘지 않아서 운영에 부담이 없다. 부동산 중개소를 통해 2개월치 보증금과 1개월치 임대료를 내면 바로 입주가 가능하다.

더군다나 요즈음은 전기 및 인테리어를 간단히 해 줘서 즉시 매장을 시작할 수 있도록 한 쇼핑몰들도 나오기 시작했다. 일본 제품만을 취급하는 쇼핑몰도 있다.

우리나라의 코엑스에 해당되는 통로완(銅鑼灣)에는 쇼핑몰이 집중적으로 몰려 있다. 그래서 이 지역은 홍콩 내에서 임대료가 비싸기로 유명하다. 하지만 이톤 솔로(Eton SOLO) 쇼핑몰로  들어가면 이야기가 달라진다. 개인 창업자를 위한 전용 쇼핑몰인 이톤 솔로는 3평 공간에 월 임대료가 75만 원 정도로 싸다. 주변의 부동산 임대료와 차이가 많이 난다.

개인 임대 쇼핑몰은 음식점을 제외한 모든 업종, 즉 의류, 액세서리, 수

공예품 판매점들 등 모든 업종의 입점이 가능하다. 부대 시설 및 인테리어에 신경 쓰지 않아도 되고, 특히 창업 비용이 1,000만 원도 안 든다는 점이 큰 매력이다. 또한 상점들이 한곳에 모여 있어 소비자를 불러 모으는 효과도 있다. 그리고 3개월, 6개월, 1년 단위로 자유롭게 계약할 수도 있고, 자신이 만든 아이템의 반응을 볼 수 있는 장소로도 활용할 수도 있다.

필자가 그 동안 상담한 해외에서 창업하려는 사람들의 연령을 분석해 보면 20대 후반~30대 초반 그리고 40대 중반 이후가 대부분이었다. 오히려 30대 중반은 거의 없다. 이는 처음부터 해외에서 창업하려는 젊은층과 새로운 환경에서 다시 시작하려는 중년층이 늘어났다는 걸 의미한다.

40대 중반 이후 창업자들은 어느 정도 자본의 여유가 있지만 20~30대 초반의 창업자들은 자본의 한계가 있다. 그래서 열정 있는 20~30대 창업자들은 바로 이런 쇼핑몰에 들어가서 시작하면 온라인에서 창업하는 것보다 비용이 덜 들어간다.

더군다나 아시아에서의 한류 열풍이 아직 식지 않았으니 20~30대라면 해외 창업을 해 보는 것도 좋을 듯싶다. 1,000만 원이라는 소자본으로 내 점포를 갖고 시작할 수 있는 쇼핑몰 입주는 좋은 기회이니 한 번 도전해 보자.

다만 주의할 점은 쇼핑몰에 입주하면 관리 업체와 대면할 일이 발생하

홍콩에서의 성공을 부르는 창업 아이템

기 때문에 영어나 중국어를 구사할 수 있으면 좋다. 언어가 가능하다면 창업 환경이나 자금 규모로 봤을 때 이보다 더 좋은 아이템이 없을 것이다.

창업 자금 분석

	임대료(2개월치 보증금+1개월치 선납)	225만 원
	인테리어비(기본으로 제공)	없음
+	잡비(부동산 소개비 등)	200만 원

● 합계   425만 원

월 지출 분석

(3평 기준)

	임대료	75만 원
+	전기, 관리비	9만 원

● 지출   84만 원

한국인 창업 지수

안정성	★★★	투자성	★★
수익성	★★★	위험성	★★
시장성	★★★	운영성	★★★

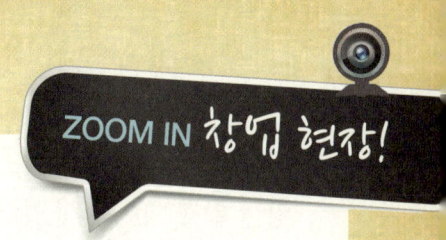

1   개인 임대 쇼핑몰은 음식점을 제외한 모든 업종, 즉 의류, 액세서리, 수공예품 판매점들 등의 입점이 가능하다.

2   임대형 쇼핑몰은 보통 3평 크기에 임대료가 70~150만 원 정도여서 운영에 부담이 없다.

창업
Point

개인 임대형 쇼핑몰은 보통 부동산 중개소를 통해 입주한다. 아이템은 디자인 제품, 의류 등 패션이나 유행에 민감한 제품이 좋다.

Tip

일반 판매업, 의류점 등은 개인 사업자 등록만 하면 영업이 가능하다. 반면에 식품 관련 업종은 담당 기관에 신고가 필요하고 등록증도 받아야 영업이 가능하다.

item23 | 홍콩에서의 성공을 부르는 창업 아이템 |

황금알을 낳는 사업은 따로 있다 | 중고 명품 숍

• 米蘭站

주소 九龍尖沙咀漆咸道南81號 地下
F-H舖
전화번호 2730 8037
영업시간 오전 11시~오후 9시
주요 사업 중고 명품 위탁 판매

홍콩에는 전 세계의 명품 숍이 다 입점해 있다고 해도 과언이 아니다. 이 때문에 홍콩을 찾는다는 사람이 부지기수다.

홍콩에서는 명품을 명패(名牌)라고 쓰는데, 이는 '대중이 인정하는 제품'이라는 뜻이다. 여기에는 제한된 수량, 고급 재료, 그에 맞는 가격이 부합되어야 한다. 그러나 명품은 이런 정의와는 상관없이 '비싼 가격에 팔리는 제품'이라는 의미로 바뀐 지 오래되었다.

명품 사업은 불황에도 영향을 거의 안 받고 소비자가 거꾸로 찾아오는 사업이기 때문에 '황금 사업'이라고도 일컬어지는데, 그래서 누구나 생각해 보는 사업 아이템이다.

홍콩에서 명품 관련 사업은 정말 많다. 명품 아울렛, 중고 명품 판매업, 명품 재수선업, 명품 렌탈업, 명품 감정업, 명품 구매 대행업, 명품 재창조업 등이 있다.

잘되는 업종이라는 것을 입증이라도 하듯 명품 짝퉁이 성행하기도 한다. 하지만 홍콩에는 절대 짝퉁 제조가 없다. 예전에는 홍콩이 짝퉁 명품 제조국으로 이름을 날렸지만 상표권, 지적 재산권 등이 강화되면서 1990년대부터는 공장이나 기술자들이 중국으로 옮겨 갔다. 홍콩에서 짝퉁 명품을 팔다 걸리면 2,900만 원 이상의 벌금이나 2년 이하의 징역을 받게 된다. 그러니 짝퉁 명품은 생각하지도 말자.

정품을 갖고 정정당당하게 사업을 하여 성공한 홍콩 사람들이 많은데, 그중에 명품 중고 판매업으로 시작하여 지금은 홍콩 창업판(한국의 코스닥에 해당)에 상장할 정도로 거대 체인점 기업이 된 미란역(米蘭站)의 요군달(姚君達)이 있다.

2003년 침사추이 외곽 주변 가장자리에 있는 10평 작은 공간에서 시작한 미란역은 현재 중고 명품 업계에서 점유율 70%를 차지할 정도로 크게 성장하였다.

미란역은 명품을 팔려는 사람이 물건을 숍에 가져오면 일정 기간 진열을 통해 판매하는 방식을 선택했다. 판매가 완료되면 10~20% 정도의 수수료를 공제한다. 대행 판매를 해 주지만 상품에 문제가 생기면 판매자가 민·형사상 책임을 져야 한다. 이보다 더 좋은 사업이 없겠다는 생각이 들 정도로 투자 대비 수익률이나 구매 회전율이 좋다.

많은 사람들이 중고 명품 숍은 자본이 많이 들어 소자본 창업이 어렵다고 생각하겠지만 이것은 오해다. 중고 명품 약 100여 개 정도와 그것을 놓을 공간만 있으면 얼마든지 창업이 가능한 아이템이다. 그래서 일반 소매업 창업 비용과 비교해도 별반 차이가 없다.

중고 명품 사업을 시작할 때 어려운 점이라면 초도 중고 명품을 어떻게 구입할 것인지가 관건이다. 미란역이 오픈할 때 쓴 방법을 따라 하는 것도 한 방법이 될 수 있는데, 미란역은 처음에 병행 수입과 여행 구매단을 이용하여 초도 물품을 구입하였다. 이 방법은 일본의 중고 명품 숍들이 가장 많이 애용하는 방법이기도 하다.

홍콩에서는 병행 수입 제품을 '수화(水貨) 제품'이라고 부르는데, 전자 제품, 보석류, 고급 시계, 명품 등이 이에 해당한다. 그중에서도 명품 및 고급 시계는 일반 수입업자보다 개인 병행 구매 수입업자가 많다.

여기서 병행 수입과 여행 구매단을 잘 구별해야 한다. 병행 수입은 외국에서 물건을 주문하면 항공이나 해운 운송을 통해 들여오는 것이고 여행 구매단은 현지에서 물건을 구매하여 인편으로 들여오는 것이라 할 수 있다.

그럼 홍콩에서 외국 제품을 수입하려 할 때 왜 병행 수입과 더불어 여행 구매단을 이용할지가 궁금해지지 않을 수 없다. 이는 병행 수입을 할 때 라이센스를 가지고 있는 홍콩 회사가 통관 지연을 목적으로 상표법 위반 등으로 제소하여 종종 피해를 주기 때문이다.

홍콩에서 중고 명품 숍 창업을 고려한다면 일정 시간 동안 배우려는 자세가 필요하다. 특히 진품과 짝퉁을 구별할 줄 아는 안목은 꼭 필요하다. 진품 감별 여부가 운영의 반 이상을 차지한다고 해도 과언이 아니기 때문이다. 고급 시계의 식별 번호 등을 구분하는 법 등 여러 가지 감정법은

홍콩에서의 성공을 부르는 창업 아이템

학원 등을 통해 교육받을 수 있다.

중고 명품 업계 사람들이 말하기를 진열한 명품은 시기의 문제이지 재고의 문제가 아니라고 한다. 결국 이 말은 명품이 판매될지 안 될지에 대해 고민하지 않는다는 뜻이다. 현대 자본주의 시스템이 망하지 않는 이상 중고 명품 숍은 망하지 않을 것이다. 그러니 장기적 안목으로 바라보면서 시작하면 평생 사업으로 손색이 없을 것이다.

창업 자금 분석

(A급 위치, 12평)

	임대료(2개월치 보증금+1개월치 선납)	2,100만 원
	상품 구입비(위탁, 직접 구매 병행으로 제외)	없음
	인테리어비	2,700만 원
+	잡비(부동산 소개비 포함)	500만 원

● 합계(상품 구입비에 따라 유동적)　　　　　　　　　　5,300만 원

월 순수익 분석

	매출액	3,300만 원
−	임대료	700만 원
	인건비(직원 2명, 파트타임 1명)	560만 원
	상품 구입비(위탁 판매 및 일부 직접 구매)	1,200만 원
	잡비	150만 원

● 순수익　　　　　　　　　　690만 원

한국인 창업 지수

안정성	★★★★	투자성	★★★★
수익성	★★★★★	위험성	★★
시장성	★★★★★	운영성	★★★★

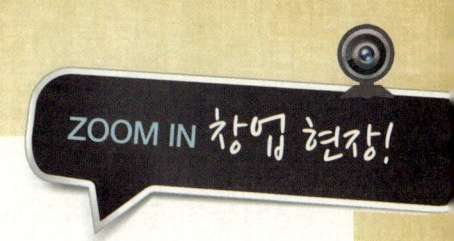

1 약 100여 개의 중고 명품과 매장만 있으면 얼마든지 창업이 가능한 아이템이다.
2 진품과 짝퉁을 구별할 줄 아는 안목은 꼭 필요하다.

창업 Point

중고 명품숍은 온라인 창업을 통해 1~2년 동안 배우고 난 후에 점포 창업을 하는 것이 좋다.

Tip

중고 명품 사업은 신뢰의 사업이므로 사업자 또는 판매자가 명품에 대한 최소한의 지식을 갖고 짝퉁을 감별해 낼 줄 알아야 한다.

item24 | 홍콩에서의 성공을 부르는 창업 아이템 |

수익률이 높은 아이템을 찾아라 | 카메라 할인점

• Ultra pro.,ltd

주소 葵涌葵豐街 41-45
      號安福工業大廈 2樓 D室
전화번호 3488 5777
영업시간 오전 12시~오후 9시
주요 사업 카메라 주변기기, 소모품

홍콩 중심가를 보면 의류점, 보석상, 전자제품 할인점이 가장 많이 보인다. 이 점포들은 판매 회전율이 빠르고 소매가격이 높은 상품을 판매한다. 번화가의 높은 임대료로 인해 3개월간 손익 분기점을 못 넘기면 그 점포는 살아남기 힘든 구조이기 때문이다. 그래서 대부분은 기업들이 중심가를 점령하고 있다. 개인 창업자들은 들어설 공간이 없다.

하지만 개인 사업자들이 중심가에서 유일하게 계속해서 운영하고 있는 단 하나의 아이템이 있는데, 그것은 바로 카메라 할인점이다.

개인 사업자들이 운영하는 카메라 할인점이 중심가에서 살아남을 수 있는 요인은 가격이 높은 카메라가 관광객이 주로 구매하는 품목 중의 하나이고 수익율도 높기 때문이다. 그래서 작은 카메라 할인점도 월 매출을 1억 원씩은 올린다. 사이판에 있는 삼성 대리점에서도 카메라를 홍콩에서 재구입하여 가져갈 정도니 카메라 할인점의 경쟁력은 입증된 셈이다.

홍콩의 카메라 할인점 시장은 프랜차이즈 형식의 대형 할인점과 개인 카메라 할인점으로 나누어진다. 대형 할인점은 다른 전자 제품과 카메라를 함께 판매하는 구조로 되어 있고, 개인 카메라 할인점은 카메라 관련 주변 기기, 소모품 위주로 판매하고 있다. 주 소비자는 전체 고객의 80% 이상을 관광객이 차지할 정도로 관광 산업의 영향을 절대적으로 받고 있다.

외국에서 장사를 할 때에는 기본적인 조건이 있어야 한다. 첫째는 외국인으로서의 경쟁력이나 차별화이고, 둘째는 대중성이면서도 회전율이 높아 별다른 운영 방법이 필요 없는 업종이여야 한다는 것이다. 그리고 마지막으로 양방향 사업이 가능해야 한다. 카메라 할인점은 바로 이 3가지 조건을 모두 갖추고 있어 외국인 입장에서는 창업하기 좋은 아이템이다.

중국 이민자 출신의 위키(Whicky)를 보면 같은 외국인 입장에서 카메라 할인점이 얼마나 매력적인 고수익 사업인지를 알 수 있다.

위키는 3년 전 한국의 여의도에 해당하는 완짜이(灣仔)에 울트라 프로(Ultra pro)라는 카메라 할인점을 열었다. 가게 규모는 10평에 불과하고 진열하지 못한 제품은 공용 창고에 보관할 정도로 환경은 열악하다. 그럼에도 월 평균 1억 원 정도의 매출을 올리고 있다.

미키의 운영 방법은 일반 할인점과 비교해 조금 다른 편인데, DC카메라를 미끼 상품으로 진열해 놓고 실제로는 카메라 주변기기, 소모품 등을 집중적으로 판다. 그의 말에 의하면 DC카메라보다 카메라 주변기기, 소모품이 원가도 싸서 수익률이 30~50% 정도로 높다고 한다. 그래서 오히려 주변기기와 소모품이 주 판매 아이템이 되었다.

　　그는 운영보다는 창업할 때가 중요하다고 말한다. 즉 카메라 할인점은 고가 제품 위주로 구성되어 있고 6일마다 새 제품이 나올 정도여서 그것을 모두 갖추려면 자본이 뒷받침되어야 한다는 것이다. 그리고 유통 구조가 약간은 폐쇄적이라 공급상에 따라 가격 차이가 크기 때문에 공급상 선택 또한 잘해야 한다고 한다.

　　그러나 위키는 창업 1년 후부터 어카운트(Account) 거래를 하였기 때문에 투자 자금이 많이 안 들었다고 한다. 어카운트 거래란 외상 거래를 말한다. 홍콩은 COD(Cash on Delivery, 상품인도결제) 방식을 택해 현찰 또는 개인 수표 거래가 주를 이루지만 몇몇 업종은 어카운트 거래를 한다. 그 중에서 카메라 업종은 어카운트 거래를 주로 사용하기 때문에 실제로는 투자 자금이 그리 많이 들어가지 않는다는 장점이 있다.

　　홍콩에서 외국인이 할 만한 창업 아이템은 수없이 많지만, 수익률이 높은 아이템은 그리 많지가 않다. 그리고 수익률이 높은 아이템은 특별한 기술이나 전문 지식이 필요한 것이 대부분이다. 하지만 카메라 할인점은 공급상만 잘 선택하면 그리 전문적 지식이 없어도 운영이 가능하고 수익률도 높다.

　　그래서 처음에는 일단 사무실 창업을 하여 좋은 공급상들을 확보하는 편이 좋다. 위키의 경우는 중국에 있는 카메라 공장들을 직접 찾아다니며 거래선을 뚫었다고 한다. 현재 니콘(Nicon), 소니(Sony) 등의 카메라는 중국에서도 제조를 하고 있어 메이저 카메라 공장을 찾기는 쉽다.

일단 거래선이 확보되면 먼저 한국과의 도매 거래를 중심으로 운영을 하는 편이 좋다. 오프라인으로는 홍콩으로 여행 오는 한국인 관광객을 상대로 판매하고 온라인을 통해서는 도매가격으로 팔면 매출은 두 배로 증가할 것이다. 또한 몇몇 한국 소매점과 제휴하여 제품을 공급할 수도 있다. 그러면 사무실 운영비도 절감되고 홍콩의 시장도 배울 수 있다는 장점이 있다. 공장 수배와 도매 거래에서 어느 정도 경험을 쌓은 후에 점포를 열면 카메라의 제품 특성상 매출에 부침이 별로 없는 업종으로 평생할 수 있을 것이다.

창업 자금 분석
(A급 위치, 10평)

	임대료(2개월치 보증금+1개월치 선납)	1,650만 원
	제품 구입비	3,100만 원
	인테리어비	1,000만 원
+	잡비	150만 원
●	합계	5,900만 원

월 순수익 분석

	매출액	9,450만 원
−	인건비(직원 4명)	1,200만 원
	제품 구입비(Account 거래 제외)	6,000만 원
	임대료	550만 원
●	순수익	1,300만 원

한국인 창업 지수

안정성	★★★	투자성	★★★
수익성	★★★★★	위험성	★★★
시장성	★★★	운영성	★★★

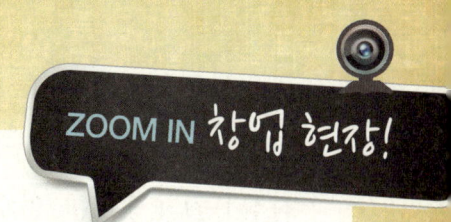
1 개인 카메라 할인점은 카메라 관련 주변 기기, 소모품 위주로 판매를 하고 있다.
2 카메라 할인점은 공급상만 잘 선택하면 그리 전문적 지식이 없어도 운영이 가능하고 수익률도 높다.

창업 Point

카메라 할인점은 일정한 공급 루트와 병행 수입 방법이 확보되어야 하는 전제 조건이 있다. 자본 투자의 한계에 있어 어카운트 거래를 먼저 해야 한다.

Tip

DSLR 카메라의 평균 수익은 10%지만, 고가이기 때문에 매출이 높다. 렌즈 판매 가격이 본체보다 높고 여러 종류의 렌즈를 구입해야 하기 때문에 재방문 비율도 높다.

item25 | 홍콩에서의 성공을 부르는 창업 아이템 |

한류! 월 1,500만 원을 벌다 | 한국 화장품 전문 판매점

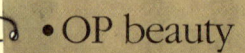

• OP beauty

주소 荔枝角香港工業中心B座5樓1B室
전화번호 2720 1178
영업시간 오전 9시~오후 6시
주요 사업 한국 화장품 도매, 수출업

한류 바람으로 여러 산업이 혜택을 보고 있지만 특히 화장품만큼 그 덕을 보는 것은 없다고 해도 과언이 아니다. 화장품은 우리나라에 찾아오는 관광객들이 구매하는 상품 순위에서 매년 1, 2위를 할 정도이다.

눈에 띄는 것은 설화수, 미샤, 더페이스샵 등의 홍콩 진출이 활발해져서 한국 화장품의 구매율이 높아지고 있다는 사실이다. 한류가 한국 화장품 회사들에게까지 날개를 달아 준 것이다. 그래서 중소 업체의 진출까지 합치면 통계를 잡지 못할 정도로 홍콩은 한국 화장품 업체들이 사활을 걸고 있는 각축장으로 변했다.

살인적인 임대료를 감수하면서도 화장품 업체들이 홍콩 시장을 선점하려는 이유는 전 세계에서 들어오는 연간 4,000만 명의 관광객을 보고 있기 때문이다. 홍보 효과로 인해 브랜드 인지도를 올릴 수 있고 또한 관광객의 구매 능력이 로컬(local) 소비자보다 높아 수익률도 높다는 장점이 있다. 가장 큰 장점은 메이저 브랜드로 올라갈 수 있는 기회가 열려 있다는 점이다.

홍콩에서도 화장품 관련 창업을 많이 하는 편이다. 개인의 화장품 관련 창업은 할인 화장품 가게가 주를 이루고 있다. 조금 다른 경우는 도매 창업인데, 일반 도매가 아니고 해외 수출을 위주로 한 판매 형태이다. 그 사례가 오피 뷰티(OP beauty)의 대표 조이(JOEY)의 경우이다.

조이는 5년 전 자본금 5,000만 원으로 라이찌꼭(荔枝角)에서 화장품 도매업을 시작하였다. 그는 일본과 대만 화장품을 팔다가 한류 바람을 보고 한국 화장품을 전문으로 하는 도매 수출 업체로 바꾸었다. 지금은 중국 본토인들에게 도매가격으로 한국 제품만 판매하면서 한 달에 평균 순이익 1,500만 원을 벌어들일 정도로 성공했다.

홍콩은 지리적으로 중국과 가까워 소상공인들이 제품 구매를 위해 홍콩으로 넘어오는 경우가 많다.

조이는 중국에서 재판매를 하려는 소상공인들을 상대로 중간 도매업자 역할을 하였다. 그는 단순하게 화장품만을 판 것이 아니라 한국처럼 화장품 샘플도 주고 배송 대행도 해 주는 영업 방식을 도입해 중국 소상공인들에게 좋은 반응을 얻었다. 홍콩의 일반 화장품 가게에서는 이런 방식을 하지 않는다. 이처럼 사소한 판매 전략도 지역에 따라 효과가 다르다는 것을 알 수 있다.

또한 조이는 다른 중간 도매업자와 달리 제품 판매 데이터를 모아 구매자의 지역에 따른 선호도를 철저하게 분석했다.

조이의 판매 분석에 따르면 중국은 각 지방마다 한국 제품에 대한 선호도가 다르다고 한다. 광둥성 지방은 설화수가 인기이고, 다른 지방의 대도시는 라네즈와 에뛰드하우스 등이 인기를 끈다. 베이징, 상하이, 하얼빈 등에 사는 중국인들이 주 고객층이다. 하지만 기타 다른 지역에 사는 중국인들은 아직 한국 화장품에 대한 구매 이력이 그렇게 많지는 않다고 한다.

이렇게 중국의 소상공인 수입자들이 한국 화장품을 사기 위해 한국으로 안 가고 홍콩으로 오는 이유는 다음과 같다. 첫째 같은 민족이라 의사소통이 원활하고 둘째로는 외국인에 대한 차별이 없기 때문이다. 마지막으로 홍콩이 무관세이다 보니 한국과 거의 같은 가격으로 물건을 공급받을 수 있고 운송비가 한국보다 덜 들기 때문이다. 이런 이유들로 굳이 한국에서 구매할 필요가 없는 것이다.

창업할 때 보통 상품 자체에 대해서는 고민하지만 '국가별 아이템'에 대해서는 그렇게 많이 생각하진 않는다. 국가별 아이템이란 한국 화장품처럼 중국이라는 특정 국가에서 인기가 많은 제품을 말한다. 이것을 염두에 두고 창업하면 특정 국가를 공략하는 것이 훨씬 쉬울 수 있다.

그리고 국가별 아이템인 한국 화장품은 우리나라 사람이 외국에서 창업하면 유리한 점이 많다. 그중에서 신뢰성을 높일 수 있다는 것이 중요하다. 즉 한국 제품을 한국인이 팔면 다른 외국인이 파는 것보다 신뢰성을 더 갖출 수 있다는 것이다. 예를 들어 일본 식당을 가는데 일본인 요리사라고 하면 우리는 그 일식집에 대해 일단 신뢰감을 표시하고 음식도 더 맛있을 거라고 생각한다. 그 이유는 일식은 일본 음식이니 일본 사람이 다른 나라 사람보다 더 요리를 잘할 거라는 막연한 기대감 때문이다.

같은 이치로 한국 화장품을 한국인이 판매하면 제품에 대한 신뢰를 먼저 주기 때문에 구매 결정에 큰 작용을 한다. 그러므로 홍콩인보다 한국인이 한국 화장품 장사를 했을 때 경쟁력이 더 있다고 할 수 있다.

또한 한류의 영향으로 한국 화장품이 일본 화장품을 앞지르고 있는 현상이 나타나고 있는 현시점에서는 리스크 부담이 거의 없는 유망한 아이템이라 할 수 있다. 점포를 열어 일반 판매를 할 수도 있고 사무실을 얻어 수출 위주로 영업을 할 수도 있다.

중국 소상공인들이 홍콩에서 화장품을 구매하는 이유

한국	홍콩
아시아를 위주로 한 관광객 중심의 소매 시장	전 세계 비즈니스 고객 중심의 도매 시장, 대량 구매 가능
언어 문제, 관세, 운송비 부담	의사 소통 가능, 무관세, 운송비 절감
업체 수배 및 출장 경비 부담	업체 수배 불필요 및 출장 경비 절감
소량 운송 시 추가 비용 발생	육로 운송으로 한국보다 비용 절감

창업자금 분석
(라이찌꼭 한국 화장품점)

임대료(2개월치 보증금+1개월치 선납)	1,200만 원
상품 구입비	1,200만 원
인테리어비	2,100만 원
+ 잡비	300만 원

● 합계 .... 4,800만 원

월 순수익 분석

매출액	3,700만 원
− 임대료	400만 원
인건비(직원 1명, 파트타임 2명)	500만 원
상품 구입비	1,200만 원
잡비	30만 원

● 순수익 .... 1,570만 원

한국인 창업 지수

안정성	★★★	투자성	★★★
수익성	★★★★★	위험성	★★
시장성	★★★★★	운영성	★★★★

1 한국 제품을 판매할 때 홍콩인보다는 한국인이 신뢰성 면에서 더 낫다.
2 한류 바람으로 한국 화장품의 구매율이 높아지고 있다.

창업 Point

소매업일 경우, B급 지역에 점포를 임대하고 홍콩인들이 주로 쓰는 피부 보호 제품과 기초 화장품 위주로 판매하는 것이 좋다. 반면에 도매업은 공항 근처나 중국 국경 근처 지역에 사무실을 얻는 게 좋다. 또한 주 고객인 중국 본토인들은 우리나라 젊은이들의 화장법을 많이 따라 하므로 최신 유행 제품 위주로 영업하는 것이 낫다.

Tip

화장품을 수출입할 때 한국, 중국 등은 통관 절차가 까다로운 편이다. 하지만 홍콩은 일반 제품처럼 취급해 개인도 수출입이 가능할 정도로 절차가 간단하다.

5장

생활 속에서 아이템을 찾아라

창업 아이템이라고 하면 특별해야만 하고 차별화가 되는 것만이 좋은 아이템이라고 생각한다. 하지만 창업 현장에 가 보면 보편적이고 대중적인 아이템이 오래 살아남는다는 것을 발견할 수 있다. 평상시 일상생활 속에서 접하는 평범하고 대중적인 아이템은 창업 당시에는 매력적으로 안 보일지라도 지속 가능성은 높다고 할 수 있다.

item26 | 홍콩에서의 성공을 부르는 창업 아이템 |

티셔츠는 800원, 청바지는 3,000원! | 덤핑 상품 판매점

• Sample King

주소 灣仔, 莊士敦道40號

전화번호 N/A

영업시간 오전 10시~오후 8시 30분

주요 사업 덤핑 및 구제 옷 판매(800~5,000원)

홍콩의 공항에서 느끼는 첫 인상은 세련된 도시의 이미지다. 하지만 차를 타고 시내로 점점 들어가면 갈수록 현대와 과거가 혼재된 도시라는 것을 쉽게 알 수 있다.

시내 중심가의 화려한 쇼핑몰과 높고 세련된 빌딩뿐만 아니라 거기서 약간만 벗어나면 서민 주거 지역을 접할 수 있기 때문이다. 여기에서 홍콩의 실생활을 느낄 수 있고 사업 아이템도 많이 얻을 수 있다.

이곳에서 제일 많이 보이는 것이 덤핑 상품 판매점이다. 이 가게에서는 뭐든지 다 판다. 그중에서 가장 많이 파는 것은 옷이다. 유행 지난 우리나라 옷뿐만 아니라 미국 옷, 일본 옷 등도 발견할 수 있다.

홍콩의 서민 거리에 덤핑 상품 판매점이 많은 데는 이유가 있다. 첫째로는 높은 임대료로 인해 박리다매로 팔고자 하는 경향이 강하기 때문이고, 둘째는 중간 경유지라는 특성상 판로가 막힌 상품이 넘쳐나기 때문이다. 셋째는 인접 도시인 중국 광저우의 제조 공장에서 만든 잉여 상품이 무한정으로 들어와서이다.

홍콩의 덤핑 상품 판매점은 주인이 직접 공장을 수배하여 상품을 구매한다는 점에서 우리나라의 그것(일명 나까마)과는 구조적으로 다르다. 창업자가 직접 물건을 수배하면 수익률이 더 높아진다. 원래 덤핑 상품 자체가 가격 경쟁력으로 유통되는 것이기 때문에 직접 수배하여 팔면 무조건 남는 것이다. 물건을 판다기보다 가격을 파는 셈이다. 그래서 일단 덤핑 상품 판매점은 문을 열어 놓으면 매일매일 돈을 번다고 생각하면 된다.

완차이(灣仔)에 샘플 킹(Sample King)이라는 구제 옷 덤핑 판매점이 있다. 티셔츠는 800원, 청바지는 3,000원에 판매하고 있다. 20평 크기에 월 임대료가 700만 원이다. 매장을 성공적으로 운영하려면 일 매출이 50만 원 이상은 되어야 한다. 그러니 덤핑 상품 판매점이 얼마를 버는지 알 수 있을 것이다.

덤핑 상품 판매점은 고객과 판매원의 대화가 불필요하기 때문에 외국인 입장에서도 운영이 쉽다. 또한 티셔츠 한 장이 얼마인지 계산하기만 하면 되고 인테리어도 신경 안 쓰고 그저 상품을 벌여 놓으면 된다. 더욱이 요즈음처럼 한류 바람이 강하게

불 때 한국산 옷을 덤핑으로 가져가면 불티나게 팔릴 것이다.

자본이 많이 든다고 성공하는 것도 아니고 특별한 아이템을 한다고 돈을 번다는 보장도 없다. 그래서 필자는 이런 아이템이 현실에 가장 맞으면서 한국인이라는 이점을 잘 살릴 수 있는 아이템이라고 생각한다. 한국 옷은 분명 홍콩에서 경쟁력 있는 덤핑 상품이다. 중요한 것은 홍콩에서의 판매 자체보다는 한국 덤핑 옷을 수배하는 것이다. 그런데 사실 옷의 수배 문제가 만만치 않다.

우리나라에서는 덤핑 상품을 취급하는 사람이 아니면 수배하여 구매할 때 문제가 발생한다. 그래서 시간이 걸리더라도 중간 유통상인 나까마를 통하지 말고 폐업하는 의류 공장이나 판로가 막힌 상품을 직접 수배해야 한다.

덤핑 상품은 보통 kg당이나 박스당으로 거래를 하므로 처음에는 작게 시작하는 것이 좋다. 그리고 반드시 책임자와 거래를 해야 문제가 안 생긴다. 덤핑 상품 판매점은 다른 업종과 달리 운영 노하우도 필요하지 않고 손해율도 낮다. 또한 수익률도 높아서 소자본을 가진 초보자도 창업이 가능하다. 다음은 덤핑 상품 전문점을 할 때의 주의점이다.

1. 공장 대표가 아닌 제3자가 재고품을 보여 주며 스톡(stock) 물건(납품하고 남은 제품들)이라고 하는 경우
2. 계약금 선납을 요구하는 경우

3. 인터넷 광고로 덤핑 물건을 유혹하는 경우

4. 급한 물건이라면서 상식 이하의 가격을 제시한 경우

5. 재고 물건의 내용물을 확인하지 못하는 경우

6. 브랜드 제품이면서 소유가 불분명한 경우

7. 창고에서 현찰 거래 후 사라지는 경우

8. 결제 후 배송 처리를 안 하고 직접 가져가라고 하는 경우

9. 배송과 동시에 결제를 원하지 않을 경우

창업 자금 분석
(20평 미만)

	임대료(2개월치 보증금+1개월치 선납)	2,100만 원
	상품 구입비(덤핑 물건에 따라 차등)	500~1,000만 원
	인테리어비	500만 원
+	잡비(부동산 소개비, 항공 운송비 등)	500만 원

● 합계   4,600만 원

월 순수익 분석

	매출액	2,400만 원
−	임대료	700만 원
	인건비(파트타임 2명)	300만 원
	상품 구입비	700만 원
	잡비(운송비 포함)	150만 원

● 순수익   550만 원

한국인 창업 지수

안정성	★★★	투자성	★★
수익성	★★★★★	위험성	★★
시장성	★★★★★	운영성	★★★★★

1 티셔츠는 800원, 청바지는 3,000원에 판매하는데, 이 가격에도 남는다.

2 인테리어도 신경 안 쓰고 그저 상품만 벌여 놓으면 된다.

창업 Point

홍콩 같은 경우는 덤핑 물건을 고정적으로 애용하는 잠재적 고객이 많은 편이다. 그 대상은 필리핀, 인도네시아 등에서 건너온 가정부와 대륙 중국에서 갓 온 이민자, 일일 비자로 오는 중국 저소득층 관광객이다.

Tip

홍콩의 덤핑 판매점은 일시적으로 가게를 빌려서 하는 임대-소위 깔세 임대-형태로 운영하지 않고 2~3년씩 정식으로 임대한다.

item27 | 홍콩에서의 성공을 부르는 창업 아이템 |

아웃 소싱을 활용하라 | 안경 유통업

Dor Dor Eyewear

주소 銅鑼灣東角1樓155店
전화번호 N/A
영업시간 오전 11시~오후 9시
주요 사업 안경 및 선글라스 판매

예전에 필자가 거주하는 옆집에 60세 정도 되신 할아버지가 살고 있었다. 가끔 지나가다 보면 그는 선글라스에 벤츠를 몰고 외출을 하셨다. 할아버지가 대단하다고 생각하던 차에 우연히 그와 이야기를 나눌 기회가 생겼다.

할아버지는 안경 및 소프트 렌즈를 수입하여 수출 및 내수 판매를 하는 일을 하고 있었다. 전문적으로 수출입에 대해 배운 것이 아니라 중국의 안경 공장을 알게 되면서부터 그 방면에 종사하게 되었다고 하였다. 엄밀히 말하면 할아버지는 공장 및 유통만 쥐고 나머지(수출입 관련)는 모두 아웃소싱으로 처리하는 1인 기업체 사장님이었다.

안경과 소프트렌즈의 수익률은 보통 200% 이상으로 보면 된다. 예를 들어 1,000원(물류비 포함)짜리 안경테는 보통 2만 원 이상에 판매가 된다.

임대료가 비싼 서울 명동에 안경점이 많은 것도 높은 수익률 때문이다.

얼마 전에 중국 광저우 출신의 대학생들이 '이베이(ebay)'에서 안경을 팔았는데, 잘 팔린다는 소문이 나자 너도나도 뛰어들었다. 이에 경쟁이 심해지자 소프트 콘택트렌즈 판매로 전환하였는데 이것 또한 대박이 났다.

렌즈 역시 구매자가 착용할 도수만 알면 주문이 가능하기에 전 세계에서 구매 주문이 들어왔다. 그래서 또다시 중국 대학생들이 온라인 판매에 몰려들었다. 지금은 가격 경쟁이 심하다 보니 예전 같지는 않지만 온라인상에서는 안경과 렌즈는 여전히 인기 있는 아이템이다.

한 가지 위안이 되는 것은 전 세계 소프트렌즈 시장의 80%를 우리나라 공장에서 생산하고 수출하기 때문에 소프트렌즈 유통업은 아직 할 만하다는 것이다. 물론 중국 광저우에도 소프트렌즈를 생산하는 여러 공장이 있지만 품질이 우리나라보다 떨어지다 보니 중국 내수용으로 많이 팔고 있다.

안경 유통업은 수출입이 동시에 가능한 양방향 사업이다. 중국 공장에서는 안경을, 한국 공장에서는 칼라 소프트 콘택트렌즈를 제조하면 어느 쪽에서나 사업이 가능하다. 요즈음의 온라인 안경 판매의 트렌드는 명품 선글라스인데, 수익률이 평균 300% 이상이다. 선글라스가 안경이나 렌즈보다는 판매가나 수익률 면에서 좋다고 할 수 있다.

중국에는 구찌(GUCCI), 디오르(Dior) 등 명품 선글라스 위탁 공장을 포함해 약 6,000여 개의 안경, 선글라스 제조 공장이 있다. 그리고 안경 제조 공장은 동관(東莞), 심천(深圳), 온저우(溫州), 딴양(丹陽) 등 4개 지역에 몰려있다. 다른 지역은 기술과 품질이 떨어지고 가격도 비싸다.

소자본으로 안경 및 선글라스 사업을 하려면 공장 지역이 아닌 중국 도매 지역으로 가야 한다. 30개가 넘지만 그중에서 가장 크고 유명한 3개 지역은 광저우, 베이징, 단양 안경성(眼鏡城)이다. 그리고 도소매 상관없이 보통 안경테의 가격은 1,000원 미만이라고 알면 된다. 물론 경험이나 노하우가 쌓이면 더 싸게 살 수 있다.

안경 유통업은 창업 자금이 적게 들면서도 수익률이 높고 특별한 진입 장벽이 없기 때문에 초보 창업자들에게 적합한 아이템이다. 중국과 거래 하기 때문에 언어나 지리적 문제로 고민할 수도 있다. 하지만 요즈음은 중국도 인터넷으로 거래를 많이 하고 있어서 처음 거래할 때 빼고는 아무런 문제가 없다. 이후에는 제품별로 수량 조절만 하면 된다.

홍콩에서 안경을 판매할 때는 조금 다른 시각에서 접근해야 한다. 왜냐하면 이미 많은 회사들이 체인점을 통해 고수익을 올려주는 유명 브랜드

의 선글라스를 판매하고 있기 때문이다. 그래서 홍콩에서는 개인이 독립 점포 형태로 안경점을 운영하기에는 무리가 있다. 군이 안경점을 직접 하려면 장기적인 안목으로 쇼룸을 열어 영업하는 것이 좋다.

창업을 할 때 보통 잘 알고 있는 분야나 주위에서 들은 아이템 중에서 선택하는 경우가 많다. 그러나 실상은 소리 소문 없이 돈을 잘 벌고 있는 업종이 많은데 바로 안경 유통업이 그렇다. 고수익을 남기는 사업인 데다가 안경에 대한 지식이 없어도 되기 때문에 도전해 볼 만한 후회 없는 아이템이

홍콩에서의 성공을 부르는 창업 아이템

라 할 수 있다.

안경 도매 시장

시장 이름	주소
广州眼镜城	广州市人民中路260号
广东(国际)眼镜贸易中心	广州市荔湾区光复中路313号
深圳滨海眼镜城	深圳市红岭中路2号南国大厦2栋11F
北京眼镜城	北京朝阳区东三环南八里庄64号
浙江眼镜城	浙江省临海市府前街279号
江苏丹阳眼镜城	江苏省丹阳市经济技术开发区

중국으로 수출하는 안경 종류의 관세율표

소프트 콘택트렌즈	6%
선글라스 렌즈	12%
플라스틱 안경테	12%
비 플라스틱 안경테	6%

창업 자금 분석

(비서 대행 서비스를 해 주는 사무실 이용)

임대료(2개월치 보증금+1개월치 선납)	105만 원
+ 제품 구입비(샘플 구입)	300만 원

● 합계   405만 원

월 운영비 분석

(프리랜서 영업 사원 경비 제외)

임대료	35만 원
+ 교통, 잡비(중국 출장)	200만 원

● 월 운영비   235만 원

한국인 창업 지수

안정성	★★★	투자성	★★
수익성	★★★	위험성	★★
시장성	★★★★	운영성	★★★★

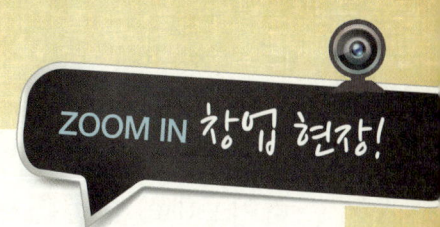
1 명품 선글라스의 수익률은 평균 300% 이상으로 안경이나 렌즈보다 낫다.
2 소리 소문 없이 돈을 잘 벌고 있는 업종이 많은데 바로 안경 판매업이 그렇다.

창업 Point

홍콩의 안경 판매점은 대부분 건물 2층 이상에서 영업한다. 그래서 안경 유통 영업을 할 때에는 2층 이상에 있는 안경 판매점을 공략해야 한다.

Tip

2012년 중국 안경협회 통계에 따르면 15세부터 59세 사이의 사람 중에서 시력을 교정해야 할 인구가 75%라고 한다. 이보다 더 좋은 시장은 없을 것이다.

item 28 | 홍콩에서의 성공을 부르는 창업 아이템 |

라이프(life) 상품은 불경기가 없다 | 생활 용품 판매점

● 日本城

주소 大角咀埃華街69號 大眾樓 2A舖
　　　 地下
전화번호 2787 7044
영업시간 오전 9시~오후 10시
주요 사업 생활 용품 판매

생활 용품인 쓰레기통, 컵, 면도기 등은 쓰고 버리는 소모품이라 그 중요성을 잊을 때가 많다. 마치 산소의 소중함을 모르는 듯 말이다. 하지만 사업적 측면에서 보면 이야기가 달라진다. 생활 용품에는 무척 중요한 창업 키워드가 숨어 있기 때문이다.

보통 특별하고 차별화되면 좋은 아이템으로 생각한다. 하지만 현장에 가 보면 보편적이고 대중적인 아이템이 오래 살아남는 것을 발견할 수 있다.

'독특한 아이템이 성공의 기회를 준다'는 말에는 반론이 없다. 다만 오래 살아남을 수 있을까 하는 물음에는 확실한 답을 줄 수 없다. 반면 평범하고 대중적인 아이템은 창업 당시에는 매력적으로 보이지는 않지만 지속 가능성은 높다고 말할 수 있다.

생활 용품은 광범위하고 소모도 빨라 구매 회전율 역시 높다. 그래서 중국, 동남아 어디를 가도 개인이 구멍가게 다음으로 가장 많이 하는 창업 아이템이 생활 용품점이다. 이는 평생 직업에 가까운 아이템이다.

이런 보물 같은 생활 용품의 사업 가치를 정확히 알고 있는 기업들이 우리가 잘 알고 있는 다이소, 락앤락 등이다. 다이소, 락앤락은 별로 신경 쓰지 않는 생활 용품을 브랜드화하여 후발 기업들의 진출을 쉽지 않게 만들었다. 지금도 브랜드 이미지를 계속 구축하고 있다. 그 이유는 생활 용품이 경기의 흐름을 덜 타는 제품이면서 제품의 차별화가 그리 크지 않아 브랜드로 시장을 선점하려는 목적 때문이다.

다이소와 비슷한 생활 용품 브랜드가 홍콩에도 있는데 바로 '일본성(日本城)'이다. 업종 및 판매 상품은 다이소와 비슷하지만 다른 점은 품목마다 가격 차이가 크다는 점이다.

'일본성'이라는 상호명을 쓰다 보니 일본 기업으로 오해를 많이 받는데, 토종 홍콩 기업이다. 일본성이라고 쓰는 이유는 홍콩인들이 일본에 대한 거부감이 없고 오히려 일본은 선진국이라는 인식 덕분에 이름 자체로 고급적인 이미지를 만들어 주기 때문이다. 1991년 북각(北角)에서 '1,000원짜리 숍'으로 시작하였지만 이후 사업의 확장성이 없다는 생각에 '생활 용품 판매점'으로 전환하여 성공을 거두었다.

일본성은 '소비자가 필요하면 바로 구입할 수 있어야 한다'는 전략 아래 홍콩 전역에 130개 체인점을 운영하고 있다. 그중 직영점이 70%이고 나머지가 가맹점이다.

홍콩 프랜차이즈의 특색은 직영점 위주로 운영한다는 것인데 이는 주식 상장을 목표로 사업을 하기 때문이다. 이 점에서 가맹점 모집을 중시하는 우리나라의 프랜차이즈와는 사업 목표가 다르다고 할 수 있다.

우리나라의 프랜차이즈와 다른 점이 하나 더 있는데 그것은 본사에서는 1개월치의 예상 매출액을 조사하여 그것의 15%가 넘지 않는 선에 있는 점포를 수배해 준다는 것이다. 이는 창업자가 지속적으로 영업이 가능하도록 하기 위함이다.

일본성은 다년간의 영업 노하우를 갖고 있는 안정된 창업 아이템으로 볼 수 있다. 소매업 시장에서 장기간에 걸쳐 아이템이 살아 있으면 경쟁력은 검증됐다고 할 수 있기 때문이다. 물론 '이케아(IKEA)' 같은 거대 브랜드도 있지만 가구 위주와 DIY용 제품 위주라 시장이 서로 다르다고 할 수 있다. 그만큼 일본성은 홍콩 내에서는 경쟁 상대가 없는 브랜드이다.

생활 용품 판매점은 개인 창업 아이템이면서 일본성처럼 기업으로의 성장 가능성도 크다. 또한 전문 지식이나 유통업을 몰라도 할 수 있을 정도로 운영이 간단한 편이다. 그러면서도 편의점보다는 높은 수익을 볼 수 있다.

생활 용품 판매점을 창업할 때 가장 편리한 방법은 일본성을 통하여 가맹점으로 가입하는 것이다. 그래도 조금은 힘이 들지만 처음부터 개인 독

립형 점포 창업을 원할 때에는 홍콩 옆의 심천이나 광저우에서 물품을 직접 공급받으면 된다. 거기에서 빗자루는 150원, 컵은 80원 정도면 공급받을 수 있다.

홍콩에서의 성공을 부르는 창업 아이템

판매 가격은 사업주가 스스로 결정할 수 있기 때문에 수익률을 높일 수 있다. 홍콩의 무관세 시스템 때문에 가능한 것이다.

창업 자금 분석

(20평 기준, 일본성에 가맹점으로 가입 시)

	가맹비	900만 원
	임대료 및 보증금	1,350만 원
	인테리어비	1,100만 원
	상품 구입비	1,800만 원
	법무사 비용 및 수수료	350만 원
+	홍보 및 기타	100만 원
●	합계	5,600만 원

월 순수익 분석

	매출액	3,500만 원
−	임대료	450만 원
	인건비(직원 4명)	420만 원
	상품 구입비	2,000만 원
	본사 로열티	50만 원
	광고, 관리비	200만 원
●	순수익	400만 원

한국인 창업 지수

안정성	★★★★★	투자성	★★★★
수익성	★★★	위험성	★★★
시장성	★★★★	운영성	★★★★

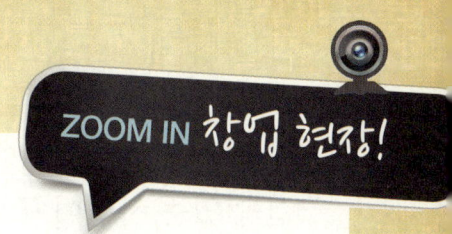

1 식품을 제외한 생활 전반에 필요한 모든 것을 판매한다.

2 생활용품 판매점은 전문 지식이나 유통업을 몰라도 할 수 있을 정도로 운영 방식이 간단하다.

창업 Point

일본성은 15평 이하의 규모라면 가맹비 등을 포함해 5,000만 원 이하로도 창업이 가능한 프랜차이즈 업체다.

Tip

생활용품 판매점은 경기의 흐름에 좌우되지 않는 필수품으로 대단위 아파트 단지에 위치하는 것이 유리하다.

item29 | 홍콩에서의 성공을 부르는 창업 아이템 |

실속 있는 사업이 좋다 | 자판기 사업

canon
● 잉크 자판기

주소   九龍尖沙咀彌敦道63號 國際廣場
20樓(서비스 센터)

전화번호 3191 2333

영업시간 오전 10시 ~ 오후 7시

주요 사업 잉크, 프린터기 판매, 스마트용품
자판기 사업

자판기는 대중 시설이나 공공장소에서 흔히 볼 수 있다. 이 아이템은 예전이나 지금이나 항상 일정하게 수익이 나는 효자 아이템이다. 앞으로는 자판기 세상이 될 것이니 미래 유망 사업으로도 생각해 볼 수 있다.

우리나라 자판기의 시초는 1977년 롯데산업이 일본에서 들여온 커피 자판기 400여 대였다. 그 뒤를 이어 금성, 화신산업 등이 자판기 수입 시장에 뛰어들었다. 이후 여러 중소기업들에서 커피 자판기를 직접 제조하면서 자판기 전성시대가 열렸다.

하지만 대형마트 등을 통해 다양한 종류의 커피들을 손쉽게 구매할 수 있게 되면서 예전에 비해 그 수가 많이 줄었다. 그래도 2013년 현재 전국에 30만 대 이상의 커피 자판기가 설치되어 있다.

지금은 자판기도 진화하고 있는 중이다. 믹스커피만 판매하던 자판기가 캔으로 바뀌었고 음료 종류도 과일 주스, 탄산음료, 에너지 음료 등으로 다양해졌다. 또한 자판기 디자인도 주변 환경과 조화를 이루도록 산뜻하게 바뀌었다. 특히 교통카드, 신용카드 등을 통한 모바일 결제 방식의 도입은 획기적인 일이었다.

자판기의 매력은 무엇보다도 인건비가 절감된다는 점이다. 또한 임대부지도 작고 관리도 편리하다. 또한 장소에 따라 24시간 영업도 가능하다.

군이 미래학자의 말을 빌리지 않더라도 앞으로는 자판기 형식의 무인편의점이 보편화될 것이다. 무인 자판기 편의점은 일본, 대만 등에서 이미 시범 운영을 마쳤다. 대만의 무인 자판기 편의점 큐숍(Q-Shop)은 올해부터 본격적인 운영에 들어갔다.

그 결과, 월 매출액은 일반 편의점의 70%밖에 안 됐지만 인건비, 임대료 등에서 4분의 3을 절감하였다. 일반 편의점에서 가장 많이 차지하는 비용이 인건비(40%), 임대료(30%)인 점을 고려하면 충분히 경쟁력이 있는 것이다. 큐숍 관계자는 10년 안에 무인 자판기 편의점이 주유소, 대학 등 공공기관, 공공장소 등에서 일반 편의점과 경쟁하게 될 것이라고 말했다.

홍콩에는 좀 더 다른 형태의 자판기들이 발전하고 있는 중이다. 홍콩의 높은 임대료 때문에 자판기도 수익성이 높은 상품 위주로 발전하고 있다. 우산, 컵 아이스크림, 캐릭터 인형, 잉크 등 일일 매출이 작아도 비용 대비 손해를 안 보는 고수익을 내는 자판기 위주이다.

캐논(Canon)이 주도하고 있는 프린터 잉크 자판기는 홍콩 전역에 걸쳐 300여 곳에 설치되어 있다. 이 자판기에서는 잉크 이외에도 사진 프린터, 용지 프린터 등 관련 제품을 판매하고 있다. 자판기 옆에는 재활용 프린

터 잉크 회수통을 설치하여 판매 및 회수를 동시에 하고 있는데, 소비자의 반응도 좋고 이용도도 높다.

잉크 자판기가 잘되는 이유는 마트나 문방구를 가지 않고도 자판기 안에 진열된 것을 편리하게 고를 수 있을 뿐만 아니라 일반 가격보다 10% 정도 저렴하기 때문이다.

잉크 자판기는 홍콩보다 우리나라로 아이템만 가져오는 것이 좋다. 2013년 4월까지의 조사로는 아직까지 우리나라에 들어오지 않았다. 결국 이 잉크 자판기를 누가 선점하느냐가 관건이다. 현재 잉크 자판기와 비슷한 시스템이 우리나라에서 제조되고 있으므로 잉크 자판기 자체를 수입할 필요는 없다. 중·고등학교, 대학교, 도서관 등에 설치하면 이용도가 높을 것이다. 또한 상품은 H사, C사, S사 등 많이 팔린 프린터 잉크 제품 위주로 구성하면 좋을 것이다.

잉크 자판기 사업은 수익률도 높고 관리도 용이하다. 무엇보다도 실생활에 밀접한 잉크 제품인 관계로 구매 이용도가 높기 때문에 창업뿐만 아니라 체인점 형태로도 발전시킬 수가 있다.

홍콩 같은 경우는 지하철 역사 곳곳에 우산 자판기가 있고 사람들의 모이는 장소에는 어김없이 음료 자판기가 있다. 인구 밀집 지역인 홍콩에서는 조그마한 공간이라도 그냥 놀리지 않고 자판기 한 대라도 놓아 매출을 발생시킨다. 자판기를 설치하고 난 뒤에는 점포주와 상의하여 수익을 나누기도 하고 월 고정액을 내기도 한다.

창업할 때 고민 중 하나가 고정비의 문제인데 이 문제를 해결한 것이 자판기 사업이라 할 수 있다. 좀 더 다른 각도에서 자판기 사업을 보면 새로운 아이템을 창출할 수 있을 것이다. 창업하는 게 중요한 것이 아니고 사업의 지속성이 중요하다. 따라서 흔히 보이는 사업보다 실속을 챙기는 사업을 해야 한다.

창업 자금 분석

(잉크 자판기 1대 기준)

임대료(수익 분배 조건에 따라 다름)	없음
자판기 구입비	400만 원
잉크 및 인화지 제품비	60만 원
+ 잡비	10만 원

● 합계   470만 원

월 순수익 분석

매출액	100만 원
− 잉크 및 인화지 제품비	60만 원

● 순수익   40만 원

한국인 창업 지수

안정성	★★★★	투자성	★★
수익성	★★	위험성	★★
시장성	★★★	운영성	★★★

1 상품을 무한정으로 바꾸는 것이 가능하여 운영이 쉽고, 인건비, 임대비 등도 절감할 수 있다.

2 홍콩에는 우산, 컵 아이스크림, 캐릭터, 잉크 등 고수익 전문 자판기들이 많다.

창업
Point

홍콩의 다양한 자판기 아이템을 우리나라에 도입하면 사람들의 주목을 끌 수 있을 것이다.

Tip

요즈음 홍콩에서는 수익률이 높은 3,000~5,000원짜리 생일 카드 자판기가 여자애들에게 반응이 좋다.

item30 | 홍콩에서의 성공을 부르는 창업 아이템 |

알뜰 고객은 존재한다 | 중고 용품 판매점

주소   九龍觀塘道487-484
號官塘工業中心第四期2樓 d舖
전화번호 2351 6223
영업시간 오전 11시~오후 9시
주요 사업 중고 용품 판매

　홍콩 일반 주택가나 변두리에 가면 중고 용품 판매점들이 많다. 아무리 생활 용품이 저렴하고 흔해도 중고 용품을 이용하는 알뜰 소비자는 존재한다. 오히려 중고품만 이용하는 마니아층이 형성될 정도로 중고 용품은 대중적이면서도 취미적인 요소가 강하다.

　홍콩에는 '얼서우디엔(二手店)'이라는 중고 용품점이 있다. 이 가게는 오프라인 매장으로만 물건을 판매하는데, 그 이유가 홍콩의 소비자들은 아직도 현장에서 물건을 봐야 안심하는 심리가 강하게 남아 있기 때문이다.

　그래서 아무리 인터넷 상거래가 활발해져도 홍콩인들은 오프라인 거래를 선호한다. 인터넷 거래를 하더라도 지하철 역 근처에서 직접 물건을 보고 나서 현금 결제를 한다.

홍콩의 중고 용품점은 위탁 판매로 이루어지는데, 결국 물건 책임은 위탁자가 지고 중고 용품점은 판매 상품의 수수료만 떼는 식이다. 그러다 보니 중고 용품에 대한 전문 지식이 없어도 약간의 자금만 있으면 창업이 가능하다.

꾼통(觀塘)은 인구 밀도가 높고 건물 대부분이 공장형 아파트들이다. 중고 용품점은 공간을 많이 차지하는 업종이기 때문에 임대료가 운영에 절대적 영향을 미친다. 따라서 고정비인 임대료를 절감하는 방안이 최우선이다. 투추콕(TO TSU KOK) 역시 이런 이유로 꾼통의 한 공장형 아파트에 위치하고 있다.

셸린(Celine)과 리차드(Richard) 부부는 창업 아이템을 찾다 외국인에게 진입 장벽이 없는 중고 용품 판매점 투추콕을 2008년 창업하게 되었다. 셸린은 내부 운영을 맡고 리차드는 외국인 고객을 상대로 영업을 한다. 특이하게도 투추콕은 일반 중고 용품점과는 다르게 마니아층만을 상대로 영업을 한다.

홍콩의 중고 용품점은 보통 인테리어나 디스플레이에는 신경을 쓰지 않기 때문에 매장 안에 물건을 마구잡이로 쌓아 올려놓고 판매한다. 그래서 가게 외관도 특색이 없는 편이다. 하지만 셸린은 이런 운영 형태를 벗어나 자신만의 독특한 중고 용품 판매점을 만들었다. 그것은 바로 매장을 화랑이나 전시회장 같은 분위기가 나도록 꾸며 중고 용품에 볼거리와 가치를 부여한 것이었다.

또한 셸린은 홍콩에는 도시 특성상 외국인이 많이 살고 업무 차 이동하는 외국인 비율이 높다는 것을 알고 그들을 집중 공략 대상으로 삼았다. '중고 용품 판매점은 영업을 하지 않는다'는 기존의 틀을 깬 것이다. 동시에 외국인이 좋아하는 중고 고(古)가구에 집중하여 부가가치가 높은 방법을 쓰고 있다. 이제 외국인 사이에  서는 중고 용품 판매점하면 투추콕이 생각날 정도로 인지도가 쌓였다. 그러다 보니 굳이 영업을 하지 않아도 본국으로 돌아가는 고객, 새로 들어오는 이민자, 지사 파견자 등이 찾아온다. 이로 인해 공급과 수요의 선순환이 자연스럽게 이루어지고 있다.

중고 용품 판매점에서 새로운 시장을 창출해 낼 수 있는 가능성을 투추콕이 보여 준 셈이다. 외국에서 창업하려면 꼭 거창한 아이템이 아니라 평범하고 대중적인 아이템으로 시작하려는 마음이 있어야 한다. 왜냐하면 창업은 실전이기 때문이다. 그 아이템을 자기만의 경쟁력으로 만들 수 있어야 한다.

홍콩의 중고 용품 판매점 같은 경우는 리스크가 적고, 투자 자본이 거의 들지 않는 점포 창업 중 하나이다. 남들이 주목하지 않기 때문에 오히려 경쟁 상대가 많지 않다. 창업을 하려면 다른 사람들이 생각하지 않는 아이템을 해야 성공할 확률이 높다. 중고 용품 판매점은 임대료 외에는 크게 나가는 고정 지출이 없고 일반 소비자를 통해 물품을 구입하기 때문에 비용 부담도 없다. 그래서 혹시라도 실패를 한다 하더라도 손해가 적다는 것이 최대 장점이라 할 수 있다.

창업자들은 이런 아이템에 귀를 기울여야 한다. 창업을 꿈꾸는 사람들은 대부분 공통된 기대치가 있다. 그래서 대개 보기에도 좋고 수익률도 높은 아이템을 갖고 창업하려는 경향이 있다. 하지만 이제는 다른 관점에서 봐야 한다. 창업은 생업으로 돈을 벌기 위한 것이기에 무엇보다도 안정적인 수익을 낼 수 있는 아이템을 찾아야 한다. 더욱이 해외에서 창업을 하려면 핸디캡이 있을 것인데, 중고 용품 판매점은 이런 것을 불식시킬 수 있는 다양한 장점이 있는 사업 아이템이다.

창업 자금 분석

	임대료(2개월치 보증금+1개월치 선납)	750만 원
	중고 구입비	1,200만 원
	인테리어	1,000만 원
+	잡비(부동산 소개비 포함)	300만 원
●	합계	3,250만 원

월 순수익 분석

	매출액	730만 원
−	임대료	250만 원
	중고품 구입비	일정하지 않음, 위탁 직접 구매
	잡비	75만 원
●	순수익	450만 원

한국인 창업 지수

안정성	★★★★	투자성	★★
수익성	★★★	위험성	★★★
시장성	★★★	운영성	★★

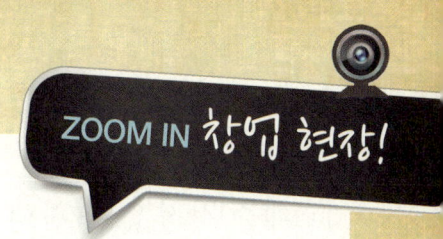

1 중고 용품점은 리스크가 적고, 투자 자본이 거의 들지 않는 점포업 중 하나이다.

2 투추콕은 중고 용품의 싸구려 이미지를 전시회장 같은 고급 이미지로 바꾸었다.

창업 Point

장기적으로 보면 우리나라의 민속품이나 중고품을 이용해 차별화를 하는 것이 유리하다. 이를 위해서 한국 교민이나 일본 거주민에게 홍보하는 것은 필수 사항이다.

Tip

투추콕은 해외 창업자의 기준에 부합한다고 할 수 있다. 투추콕 창업자 또한 외국인으로서의 핸디캡을 오히려 장점으로 살리면서 지금껏 잘 운영하고 있기 때문이다.

item31 | 홍콩에서의 성공을 부르는 창업 아이템 |

매출 걱정 없이 평생 할 수 있다 | 편의 빨래방

• 洗衣便利店

주소 北角城市花園9座地下
전화번호 2807 2029
영업시간 오전 10시~오후 9시
주요 사업 세탁업

2012년 한국 사회 보건 연구원이 서울 등 10개 도시의 1,760개 숙박 · 목욕 · 이용 · 미용 · 피부미용 · 세탁업소를 면접 조사하였는데, 이용업의 88.7%, 세탁업의 62.3%가 연매출 2,000만 원 미만이라는 결과가 나왔다. 이 결과를 놓고 보면 서비스업 창업은 하지 말아야 한다.

하지만 10년간 생존율을 살펴보면 세탁소 41.6%, 애완동물 서비스업 16.3%, 일반 음식점 17.5%, 부동산 중개소 19.0%, 컴퓨터 게임방 3.5% 등으로 나와 서비스업만큼 안정적인 사업이 없다는 것을 알 수 있다. 결국 서비스업은 지속적으로 운영이 가능하다는 결론이다.

창업 후 10년 동안 살아남았으면 평생 동안 할 수 있는 사업 아이템이라 할 수 있다. 조사 결과에서 세탁소의 생존율이 41.6%로 나왔는데, 이 말은 세탁소가 가장 좋은 창업 아이템이라는 뜻이기도 하다. 곧 세탁소는 매출은 적지만 지속적인 운영은 가능하다는 것이다.

통계를 보면 창업 4년 이내 폐업률이 75.3%로 나타났다. 즉 창업한 지 4년 안에 10명 중에 2~3명만 살아남는 뜻이다. 그만큼 안정적인 창업 아이템이 얼마나 중요한지 알 수 있다. 하지만 우리나라의 내수 시장 규모는 한정적이어서 같은 업종을 오픈했을 때 살아남을 확률이 적다.

반면 선진국일수록 서비스업 시장이 개방되어 있어 시장 규모를 스스로 키운다. 그래서 개인 창업자들은 서비스업을 선호한다. 홍콩도 서비스업이 발달되어 있어 개인 창업의 주 아이템으로 꼽힌다. 그중 편의 빨래방은 한 장소에서 10~20년 동안 운영될 정도로 안정적이어서 40대 이후의 중년 창업자들이 선호하는 아이템이다.

주택가 한쪽에 오픈한 지 올해로 18년째인 편의 빨래방이 있다. 필자의 단골집이기도 한 이곳은 영화배우 출신인 오(吳)씨가 운영하고 있다. 그는 평생 할 수 있는 일을 찾다가 편의 빨래방을 하게 됐다고 한다.

오 사장의 편의 빨래방을 지나가다 보면 항상 쉴 틈 없이 빨래가 돌아가고 있다. 공정은 간단하다. 손님들이 3~4일 단위로 세탁물을 맡기면 그걸 거대한 세탁기에 돌린다. 빨래가 다 돌아가면 보조 세탁기에 다시 넣어 건조시키고 정리하면 끝이다. 고정적 매출이 있어 머리 아플 일이 없다. 그래서 안정적 수입을 바라며 평생 동안 할 수 있는 일을 원하는 창업자에게는 편의 빨래방이 참 좋다. 그래서 홍콩으로 오려는 이민자에게 권할 수 있는 사업이다.

그만큼 편의 빨래방은 대형 세탁기 구입 이외에는 특별한 기술 없이도 누구든지 시작할 수 있을 뿐만 아니라 매출이 일정하게 나온다는 것이 장점이다.

편의 빨래방은 우리나라의 세탁소와는 약간 다르다. 빨래, 드라이 세탁, 다림질 등은 똑같이 하지만 옷 수선은 안 한다. 옷 수선 및 재봉은 가이(改衣)라는 수선집이 따로 한다.

편의 빨래방에 세탁물을 맡길 때에는 일반 세탁인지 깐시(乾洗)인지를 말해야 한다. 깐시는 '드라이 세탁'을 의미한다. 가격은 빨래의 무게에 따라 산정하는데, 1kg당 3,500원 정도다. 그 가격에 빨래뿐만 아니라 다림질과 배달까지 해 주는 업체도 있다.

편의 빨래방을 창업할 때는 홍콩 정부의 허가 요건을 맞추어야 한다. 지정한 대형 세탁기 4종류 중 하나를 갖추고 오물 배출 조건을 준수하는 것이 그것이다.

일부 회사에서 이 허가 요건을 피하기 위해 셀프 빨래방을 도입했지만 이용 고객이 적어 실패했다. 값싸고 편리한 편의 빨래방에 길들여진 고객들에게 셀프 빨래방은 경쟁력이 없었던 것이다. 현재는 프랜차이즈 업체들이 허가를 일괄적으로 처리해 주고 있다.

홍콩에서의 성공을 부르는 창업 아이템

편의 빨래방은 몇 달만 운영해 보면 고객 수를 파악할 수 있어 수입이 예측 가능하다. 4,500만 원 정도의 소자본으로도 창업이 가능하여 홍콩에 오는 중국 이민자들이 가장 선호하는 아이템이기도 하다. 폭발적인 성장세와 엄청나게 많은 돈이 아니라 기복이 없는 안정적인 매출을 기대하는 창업자에게 권하고 싶다.

창업 자금 분석
(10평 기준)

임대료(2개월치 보증금+1개월치 선납)	600만 원
인테리어비	1,000만 원
세탁기 구입	1,500만 원
부대 기계 시설	1,000만 원
+ 잡비(부동산 소개비 포함)	400만 원
● 합계	4,500만 원

월 순수익 분석

매출액	720만 원
− 임대료	200만 원
인건비(부부 운영)	없음
잡비(공과금 포함)	120만 원
● 순수익	400만 원

한국인 창업 지수

안정성	★★★★	투자성	★★
수익성	★★★	위험성	★★
시장성	★★★★	운영성	★★★★

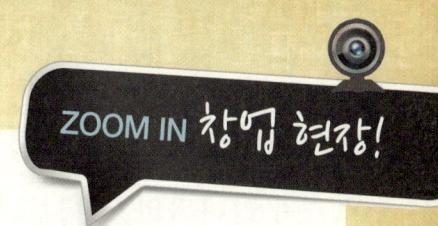

1 편의 빨래방을 창업하려면 홍콩 정부에서 지정한 대형 세탁기 4종류 중 한 가지를 갖추고 오물 배출 조건을 준수해야 한다. 이 허가 조건이 꽤 까다로워 프랜차이즈 업체를 통해 창업을 하기도 한다.

2 항상 쉴 틈 없이 빨래가 돌아가고 있다.

창업 Point

편의 빨래방의 고객은 3~4일마다 세탁물을 맡긴다. 따라서 고객 1명의 수익 기준을 산정할 수 있어 월 예상 매출을 쉽게 파악할 수 있다.

Tip

보통 빨래는 순수익이 75%이고, 간시는 50%이다.

item32 | 홍콩에서의 성공을 부르는 창업 아이템 |

우리나라의 PC방보다 쉽다 | 편의 서점

• 青鳥書坊

주소 九城廣場 5F/ C 30-1號

전화번호 N/A

영업시간 오전 10시 30분~오후 8시 30분

주요 사업 책 대여, 편의 시설 제공

대부분의 정보를 인터넷에서 얻거나 짧은 글을 읽는 것이 하나의 습관처럼 굳어지면서 책 판매량이 급감하였다. 한국 출판문화 협회의 조사 결과에 따르면 2003년에 2,477개이던 서점이 2011년에는 1,752개로 줄어들었다. 7~8년 동안 중소형 서점 30%가 폐업한 것이다.

책을 안 읽는 것은 홍콩도 별반 다르지 않다. 일본 문화의 영향 때문에 만화책에 열광하고 홍콩이라는 도시 특성상 짧고 가벼운 책을 좋아하는데, 특히 주간지를 많이 본다.

그래서 신문 가판대에는 신문뿐만 아니라 주간지와 만화책 종류가 30여 가지가 돼 어느 것을 골라야 할지 모를 정도다. 20페이지 내외로 된 주간 만화책은 성인물 위주다. 가격은 일반 주간지와 비슷한

3,000~4,500원이다. 아무리 만화책을 좋아한다 하더라도 적지 않은 금액이라 매주 구입한다면 부담이 될 수밖에 없다. 이런 틈새를 공략한 것이 '편의 서점'이다. 정확하게 말하면 만화책과 소설책 그리고 각종 주간지와 월간지 등을 보거나 빌리고 구입할 수 있는 '책의 공간'으로, 서점과 만화방의 혼합형이라 할 수 있다.

편의 서점에 가면 우리나라의 PC방처럼 카드를 준다. 1시간당 2,100원으로 PC방보다 비싼 편인데, 회원일 때는 할인 금액이 적용된다. 카드에 일정 금액을 충전하면 개인 전용 공간에서 책을 읽을 수 있다. 간단한 음식도 먹을 수 있다. PC방보다 운영하기가 쉬워 외국인 창업자에게 적합한 아이템이다. 중요한 것은 당장 가서 바로 할 수 있는 실전 창업이지 유망 아이템을 발굴하려는 것이 아님을 상기할 필요가 있다.

외국인 입장에서 모든 업종을 창업할 수 있는 건 아니다. 더군다나 현지 사정에 어둡거나 의사소통에 어려움이 있다면 소자본이면서도 안정적이고 운영이 쉬운 아이템을 선택해야 한다. 그런 관점에서 편의 서점은 외국인이래도 운영이 가능하면서 리스크가 크지 않으니 적합한 아이템이라는 것이다. 어떻게 운영하는지 주의 깊게 보면 창업 시 도움이 될 것이다.

청조서방(靑鳥書坊)은 홍콩에 처음으로 편의 책방 개념을 도입한 프랜차이즈 업체다. 초기에는 만화책 위주로 구성하여 운영하다 지금은 일반 책과 카페를

혼합한 형식, PC와 책을 혼합한 형식 등이 다양하게 운영되고 있다. 주로 PC와 책을 혼합한 형태가 제일 많다.

10~50평 정도 되는 공간에 창업자 자신의 취향에 따라 카페나 도서관 스타일 등의 인테리어를 할 수가 있고, 책의 종류도 선택할 수 있다. 그래서 일반 책 위주와 카페 형식으로 꾸미기도 하고 만화책 위주와 간이 먹거리 형식으로 하는 등 운영자가 자유롭게 운영할 수 있는 권한을 준다. 청조서방은 책의 공급만 하고 있다.

청조서방은 프랜차이즈 업체여서 책을 공급받으면서 운영은 독립적으로 할 수 있다는 점 때문에 외국인 입장에서 창업하기 좋은 아이템이다. 현지의 도서 유통 구조에 대해 잘 몰라도 창업이 가능하며 투자 대비 수익 또한 좋다고 할 수 있다. 외국에서는 이런 현찰 사업이 가장 안정적이면서 리스크가 적다. 초보 창업자일 경우에는 더욱 이런 업종부터 접근해야 한다. 구룡성 광장(九龍城 廣場)에 있는 10평 규모의 청조서방 지점은 일일 평균 매출이 20~25만 원으로 안정적이다.

창업 방법은 여러 프랜차이즈 회사 중에서 하나를 선택하여 가맹점으로 가입하면 된다. 요즈음은 우리나라 책도 수입하여 공급하고 있다. 처음에는 여행객이 자주 지나가는 침사추이나 지하철 역 근처에 10평 정도 되는 공간에서 시작해도 충분한 수입이 나오니 위치 선정만 잘하면 된다.

홍콩은 장기간 머무르기보다는 경유하는 승객이나 단기 여행객이 많다. 좀 더 공격적으로 운영을 하려면 그들을 상대로 영업하면 된다. 그런 여행객들은 숙소를 구하기도 어중간하여 공항 대기실에서 새우잠을 자거나 그냥 밤을 새는 경우가 많다. 그들에게 중점적으로 홍보하면 제2의 숙박 장소로 틈새 영업이 가능하다.

우리나라의 PC방이나 찜질방을 제2의 숙소로 이용하는 사람들이 많은 걸 생각하면 금방 연상이 될 것이다. 다행히 홍콩은 찜질방이나 PC방이 거의 없거나 활성화가 안 되어 있어 처음부터 타깃층을 잘 공략하면 게스트 하우스만큼의 수익을 올릴 수 있을 것이다.

창업 자금 분석

(B급 위치, 10평)

	임대료(2개월치 보증금+1개월치 선납)	450만 원
	책 구입비	1,300만 원
	가맹비	300만 원
	인테리어	900만 원
	시설비(PC, 냉장고 포함)	500만 원
+	잡비(부동산 소개비, 전단지 포함)	100만 원
	● 합계	3,550만 원

월 순수익 분석

	매출액(책 판매에 따라 변동)	750만 원
−	임대료	150만 원
	도서 구입비	200만 원
	인건비(파트타임 1명)	100만 원
	공과금, 잡비	30만 원
	● 순수익	270만 원

한국인 창업 지수

안정성	★★★★	투자성	★★
수익성	★★★	위험성	★★
시장성	★★★	운영성	★★★★★

1 10~50평 정도의 공간에 창업자 자신의 취향에 따라 카페나 도서관 스타일 등의 인테리어를 할 수 있다.
2 여행객이 자주 지나가는 침사추이나 지하철 역 근처에 10평 정도의 공간에서 시작해도 충분한 수입이 나온다.

창업
Point

프랜차이즈 편의 책방은 로열티 없이 처음에 1회 가맹비만 지불하면 계약을 할 수 있다. 상호는 공동으로 쓰고 책 구입 및 반품만 본사에서 일괄적으로 처리하는 시스템이다. 따라서 다른 업종과 달리 본사의 규제를 안 받으면서 자유로운 형태로 운영을 할 수 있는 것이 특징이다.

Tip

홍콩의 임대 계약은 보통 2년이다. 다만 계약 시 옵션으로 2년 연장 또는 그 이상을 원하면 특약에 기입할 수 있다.

6장

온라인 창업이 대세다

홍콩의 온라인 상거래 사이트를 보면 디자인, 프로그램, 프레임 구성 등이 우리 나라보다 3~5년 정도 뒤처져 있다는 것을 알 수 있다. 온라인 창업의 장점은 시간과 공간의 제약이 없다는 것이다. 굳이 치열한 오프라인에서 경쟁하지 말고 소비자가 원하는 공간으로 옮겨 도전하라. 아직까지 홍콩에서는 미개척 분야인 온라인 창업에 도전해 보자. 자본이 거의 들지 않고 리스크가 거의 없는 반면에 수익률이 높으면서 시장도 넓다.

item**33** | 홍콩에서의 성공을 부르는 창업 아이템 |

여행도 다니고 돈도 벌고 | 여행 구매단

● 유럽 여행 구매단

www.uwants.com,
www.travellife.org/forum

우리나라의 보따리 장사와 비슷한 여행 구매단(旅行購買團)은 홍콩에서 가장 오래된 아이템으로 창업도 가능하고 투잡도 가능하다. 지금도 10개 업체가 영업 중이고 홍콩 창업 학교에서도 정식으로 가르치고 있다. 특히 20~30대의 젊은 직장인들에게 꽤 인기가 많다.

보따리 장사와 여행 구매단은 개념적으로는 비슷하지만 본질적으로는 차이가 있다. 보따리 장사는 정해진 장소에서 지정 물건을 직접 구입하여 되파는 것이고, 여행 구매단은 자금을 미리 주고 대신 구매하여 수고비를 받는 것이다.

무엇보다 보따리 장사는 불법이지만 사회 통념상 어느 정도 선을 봐 주는 것이고, 여행 구매단은 무관세 도시인 홍콩에선 합법일 뿐만 아니라, 하나의 사업 아이템으로 통용된다는 것에 차이가 있다.

여행 구매단은 유행하는 명품이나 고가 시계, 보석 등을 주로 구매하는데 일반 수입 회사가 들여오는 것보다 시간이 빠르고 싸다는 장점이 있다. 여행 구매단을 운영하는 회사는 구매 대행을 할 사람을 모집하여 유럽이나 미국 등으로 가서 명품, 시계, 보석 종류 등을 구매하여 넘긴다.

여행 구매단이 제일 많이 하는 '명품 구매'는 주로 유럽을 14일 일정으로 다녀온다. 각 개인들에게 1,500만 원 정도의 비용을 주면 그들이 구매 리스트를 보고 상품을 구입한다. 구매를 완료했을 경우 수고비와 보너스를 추가로 준다.

유럽의 명품 숍 입장에서는 여행 구매단의 이러한 활동이 여간 골칫거리가 아니었다. 그래서 극단의 조치를 취했는데, 그것은 홍콩인에게는 1인당 3개 이상 팔지 않고 구매자의 여권 번호를 적어 일반 손님과 여행 구매단을 구별하는 방법이었다. 하지만 여행 구매단이 역으로 일정 시간을 두고 팀당으로 순번을 정해 구매하는 방법을 쓰자 지금은 유명무실해졌다.

명품과 달리 고가 시계의 경우는 지정 주문 구매 방식이라 처음부터 100~150만 원 정도의 수고비를 받고 1박 2일이나 2박 3일 동안 움직인다. 시계 가격이 몇천 만 원 이상이면 감시자가 동행을 한다.

여행 구매단이 이렇게 활동하여 모은 명품이나 시계는 홍콩의 명품 아울렛이나 멀티 상점, 전문 시계점 등으로 넘겨지거나 일본으로 재수출된다. 초창기에는 30% 정도의 수익률을 챙기며 인기가 높았지만 현재는 여러 경로와 운송 시스템이 현대화되면서 예전만큼 수익을 남기지 못하는 상황이 되었다. 이에 지금은 인접국인 중국이나 한국 쪽으로 여행 구매단 루트를 개발하고 있다.

 중국을 오가는 여행 구매단은 나이가 많은 노인들이 대부분이다. 이들은 분유, 화장품, 스마트폰 등을 취급하는데, 보통 품목당 1,000~5,000원의 수고비를 받는다. 하루에도 몇 번씩 왕래하면 괜찮은 보수를 받을 수 있다.

일본이나 한국 같은 경우에는 의류가 많은데, 홍콩 여행 구매단이나 숍 운영자가 직접 건너오는 경우가 많다. 이들은 물건을 구매해 홍콩에 직접 가져다주는데, 몇 개의 오더만으로도 중견 기업에서 받는 월급 정도의 수익이 발생한다.

여행 구매단을 처음 하는 사람은 네트워크가 없으니 동대문 시장이나 남대문 시장에서 광둥어를 하는 사람들에게 명함을 주면서 거래를 트거나 직접 홍콩 업체와 거래를 하면 된다.

업체를 못 찾으면 직접 여행 구매단을 조직하여 한국에서 홍콩으로 갈 물건을 운송해 주거나 또는 홍콩으로의 오더를 모아 운송해 주면 된다. 우선 홈페이지를 만들고 홍콩 오더를 받아 여행 구매단을 조직하면 기본적인 것은 갖춘 셈이 된다. 이후 몇 번 거래를 하다 보면 결실을 맺을 수 있다.

다만 여행 구매단에게 불법적인 운송을 요구하는 경우가 종종 있는데 이때는 확실히 거절 의사를 밝혀야 한다. 그리고 취급하는 물품들이 고가라 만약 손상하거나 분실했을 때에는 본인이 책임을 져야 한다.

이런 점만 조심한다면 여행 구매단은 거의 돈이 들지 않는 창업 아이템이기 때문에 손해 보는 경우는 없다. 그러니 도전 정신을 갖고 한 번 시도해 보자.

창업 자금 분석

	임대료(온라인 창업)	없음
	홈페이지 제작	80만 원
+	잡비(명함 대용 홍보지)	20만 원

● 합계   100만 원

출장 수수료
(유럽 1회 기준)

고가 시계	150만 원
LV 제품	50만 원
기타제품	45만 원

한국인 창업 지수

안정성	★★★	투자성	★
수익성	★★	위험성	★
시장성	★★★	운영성	★★★

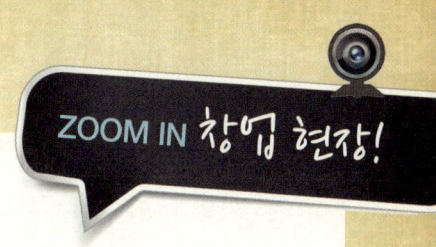

1 유행하는 명품이나 고가 시계, 보석 등을 주로 구매하여 넘긴다.
2 짧은 거리는 하루에도 몇 번씩 왕래하면서 괜찮은 보수를 받을 수 있다.

창업
Point

여행 구매단은 무자본 창업으로, 네트워크 정보 사업이라 할 수 있다. 창업자는 중간 거래상 역할로 인터넷 상에서 여행 구매단을 모집할 수 있다. 동대문 시장이나 남대문 시장에 가면 광둥어를 하는 홍콩 바이어를 만날 수 있다. 그들에게 명함을 주면서 홍보하는 것도 네트워크 구축의 한 방법이다.

Tip

무관세인 홍콩은 담배, 술 이외의 다른 소비 상품은 중량, 부피에 상관없이 인편을 통해 합법적으로 얼마든지 가지고 들어올 수 있다. www.uwants.com의 커뮤니티 게시판에서 구매단을 모으기도 하고 신청을 받기도 한다.

item**34** | 홍콩에서의 성공을 부르는 창업 아이템 |

홍콩의 온라인을 공략하라 | **온라인 쇼핑몰**

• BBstylist

주소 新界沙田火炭山尾街 宇宙工業中心
A座5樓B7
전화번호 N/A
영업시간 오전 11시~오후 9시
주요 사업 옷 판매 온라인

우리나라의 전자상거래 시장은 2012년에 1,000조 원을 기록할 정도로 급성장하였다. 그래서 요즈음은 1인 창업자 대부분이 전자상거래 창업을 한다고 해도 과언이 아닐 정도다.

하지만 이것이 오히려 치열한 경쟁을 불러일으켜 갈수록 수익은 악화되고 있는 실정이다. 더욱이 오픈 마켓 위주로 되어 있는 우리나라 같은 경우에는 개인이 기업의 물량 공세를 이길 수 없다. 더군다나 기존에는 1대 1 또는 1대 N(불특정 다수)이었지만 지금은 완전 경쟁 체제인 N대 N 구조로 바뀌었다. 그러다 보니 개인의 자금 여력으로는 다수와 경쟁하기 힘들게 되었다. 이 말은 온라인에서 개인 창업을 통해 성공하기 힘든 여건이 됐다는 뜻이다.

이제는 온라인 창업을 하여 우리나라 사람들을 대상으로 가격 경쟁을 하는 단순한 패러다임이라면 오히려 하지 않는 것이 좋다. 오히려 우리의 상품을 갖고 다른 지역이나 나라의 특성에 맞게 온라인 창업을 하는 것이 더 현실적이라 할 수 있다.

여기서는 홍콩에서 온라인 창업을 하기 전에 홍콩의 온라인 시장과 개인 창업자들의 운영 방법을 살펴보자.

홍콩의 전자상거래 사이트를 보면 디자인, 프로그램, 프레임 구성 등이 우리나라보다 3~5년 정도 뒤처지고 있다고 느낄 것이다. 그것은 홍콩의 지역적 한계와 오프라인 쇼핑몰 발달로 인한 물리적인 현상 때문이다. 이는 오히려 개인 온라인 창업 공간이 넓어지는 결과를 만들었다.

기업들이 적극적으로 온라인 공간을 개발하려 하지 않으니 개인 창업자 입장에서는 동등한 경쟁을 할 수 있는 상황이다. 이에 홍콩의 1인 창업자들은 저마다 경쟁력 있는 아이템을 들고 창업을 한다. 그러다 보니 창업자들은 각 나라의 인기 아이템을 갖고 중간 유통업자처럼 온라인상에서 판매한다. 그중에서 가장 인기 있는 제품은 한국 제품이다. 품목도 의류, 분유, 스타 캐릭터, 유아제품 등으로 다양하다.

수잔나(Susanna)도 페이스북을 통해 우리나라의 유아용 신발을 판매한다. 홍콩은 우리나라처럼 오픈 마켓 발달이 잘 안 됐기 때문에 페이스북, 야후 정도가 오픈 마켓 역할을 한다. 월 300만 원 정도를 버니 우리나라 온라인 창업자 입장에서는 부러울 따름이다.

만약 우리나라 사람들이 수잔나의 페이스북 상점을 본다면 너무 조잡해 사고 싶은 마음이 들지 않을 것이다. 하지만 홍콩에서는 그 정도면 괜찮은 축에 속한다. 홍콩은 우리나라와는 달리 온라인에서 상품을 보고 오

프라인에서 만나 거래를 하거나 쇼룸에 가서 구
매를 하는 경우가 일반적이다.

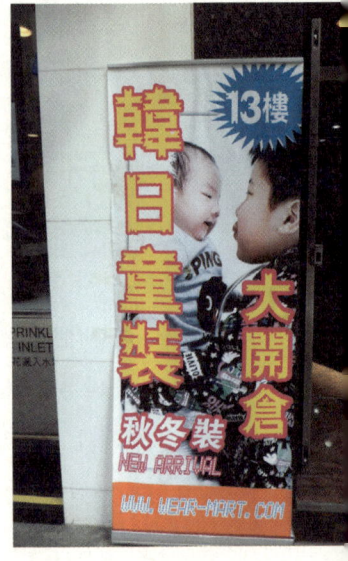

  그렇기 때문에 홍콩의 온라인 창업자들은 쇼핑
몰의 디자인이나 결재 프로그램 등은 신경 쓰지
않지만 오프라인 쇼룸은 꼭 확보하고 창업을 한
다. 쇼룸은 연간 계약하면 관리를 대행해 준다. 수
잔나의 경우에도 노상 주차장을 30만 원에 임대
하여 쇼룸을 만들었다. 거기에서 매월 평균 100
켤레 이상의 신발을 판매한다. 한 달에 이틀은 세
일 기간으로 정하여 재고 처리도 한다. 또한 동대
문 시장이나 남대문 시장에 부정기적으로 와서 물
건을 직접 구매해 판매한다. 이처럼 온·오프라인 병행 방식은 홍콩에서
온라인 쇼핑몰 창업 시 필수로 생각해야 한다.

  창업 2년차인 수잔나의 유아 신발 숍은 현재 회원이 이미 3,000명을 넘
겨서 인지도가 어느 정도 생겼다. 그래서 이제는 유아 의류와 유아 용품
등도 판매하고 있다. 이후 그녀는 한국 제품만을 취급하는 유아 전문 상점
을 계획하고 있다.

  그만큼 한국 제품은 홍콩에서 인기가 많다. 하지만 모든 한국 제품이
인기가 많은 것은 아니기 때문에 수잔나처럼 홍콩 시장과 한국 제품에
대해 꼼꼼히 조사한 후 가능성 있는 제품을 선택해야 한다.

  온라인 창업은 시간과 공간의 제약이 없다. 그래서 창업자의 아이템을
홍콩으로 옮기면 간단하다. 굳이 치열한 공간에서 경쟁하지 말고 소비자
가 많은 공간으로 옮기자. 외국인이라도 온라인 창업은 문제 될 것이 없

으니 미리 옮겨 선점하려는 과감함이 필요할 때다. 더군다나 공장을 직접
수배하면 가격 면에서 우위를 점할 수 있다.

 우리나라의 '카페24'나 '고도몰' 같은 메이저 쇼핑몰 서비스 업체들은
이미 일본, 중국 등에 지사를 세워 개인 쇼핑몰 창업자들에게 서비스를
제공하고 있다. 그래서 이제는 온라인 쇼핑몰도 해외로 무게 중심을 옮기
고 있다. 조금 늦은 감이 없진 않지만 해외로 쇼핑몰을 옮기는 것은 당연
한 일인지도 모른다.

창업 자금 분석
(A급 위치, 10평)

	제품 구입비	300만 원
+	임대료(쇼룸)	30만 원

●합계   330만 원

월 순수익 분석

	매출액	500만 원
−	임대료(쇼룸)	30만 원
	제품 구입비	120만 원
	잡비	10만 원

●순수익   340만 원

한국인 창업 지수

안정성	★★★★	투자성	★
수익성	★★★	위험성	★
시장성	★★★	운영성	★★★

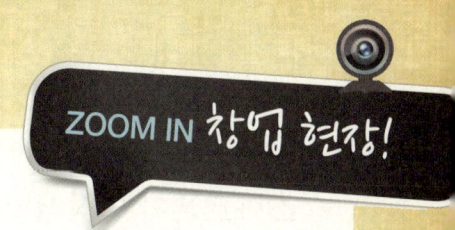

1 온·오프라인 병행 방식은 홍콩에서 온라인 쇼핑몰 창업 시 필수로 생각해야한다.
2 홍콩의 온라인 쇼핑몰에서 가장 인기 있는 제품은 한국제품으로 의류, 분유, 스타 캐릭터,
   유아용품 등 다양하다.

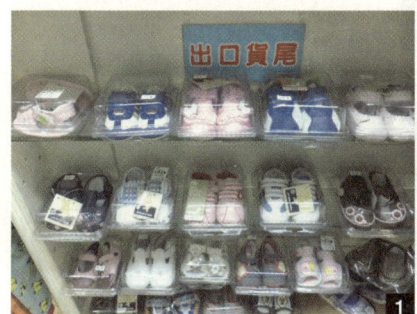

창업 Point

홍콩의 오프라인 쇼룸은 중국 소상공인들의 거래 장소로 활용되니 중국 시장을 같이
공략할 수 있는 상품을 연구하면 좋다.

Tip

홍콩의 출산율(가임여성 기준)은 지난해 0.8%로 세계에서 가장 낮은 수준이고 유아 시
장은 역으로 고급 제품으로 가고 있다.

item35 | 홍콩에서의 성공을 부르는 창업 아이템 |

스마트폰이 일상생활을 지배한다 | 중고 스마트폰 매매업

• TIMES DIGITAL

주소 灣仔 東方 188 商場 2f b10號
전화번호 2388 1362
영업시간 오전 11시~오후 8시
주요 사업 중고 휴대폰, 주변기기 판매

    스마트폰은 통신의 패러다임뿐만 아니라 기존의 유통망까지 바꿔 버리고 있다. 불과 3년 만에 스마트폰은 사람들의 일상생활을 지배하고 있다.

    스마트폰이 대중화될수록 파생되는 사업이 많아진다. 특히 스마트폰 제조사 강국인 우리나라의 젊은 창업자나 소자본 창업자에게 이보다 더 좋은 기회가 없을 정도다. 사업의 종류는 케이스 매매, 이어폰 등 주변기기 매매, 중고 스마트폰 매매업 등으로 나눌 수 있는데, 그중에서 중고 스마트폰 매매업이 가장 이상적이고 발전적인 사업이다.

    중고 스마트폰 매매는 적은 자본으로도 고수익을 남길 수 있고 판매 단가도 높아 수량이 적어도 다른 업종과 달리 마진이 높다. 또한 제품 위주 거래로 홍콩처럼 사업지가 없이도 할 수 있는 특화된—스마트폰 관련 기기에 한정—소자본 창업 아이템이라 할 수 있다.

요즈음 장물 스마트폰을 매매하여 밀수출하다가 적발되는 사건을 뉴스를 통해 종종 보게 되는데 무척 안타까운 일이다. 중고 스마트폰 매매업은 얼마든지 합법적으로 수익을 내면서 할 수 있는 사업이다. 눈앞의 돈만을 생각하여 짧은 생각으로 불법적인 음성적 거래를 하지만 정당한 거래와 비교해도 수익에서는 그다지 크게 차이가 안 난다.

　홍콩 같은 경우는 중국의 중간기지 역할을 하기 때문에 중고 스마트폰 매매업이 활발하다. 그러면서 불법도 기승한다. 중고 스마트폰을 불법적으로 거래하다 적발된 사람은 벌금 7억 5,000만 원이나 14년의 징역형을 받게 된다. 그래서 정상적 거래가 중요하다.

　홍콩 거리를 지나다 보면 곳곳에서 중고 스마트폰 구입 광고판을 들고 앉아 있는 사람을 종종 볼 수 있다. 이 사람들은 중고 스마트폰을 구입하여 재판매하는 사람들이다. 건설 노동자의 하루 일당인 10만 원 정도의 수입을 올린다.

　그만큼 중고 스마트폰 매매업은 수익률이 높을 뿐만 아니라 공급, 판매 시장도 무궁무진하여 홍콩의 젊은 소자본가들이 너도나도 뛰어들고 있다.

　올해 27세인 자슨(Jason)은 3년차 중고 스마트폰 매매업자다. 처음에는 학생 신분으로 합법적인 인터넷 거래를 통해 스마트폰을 판매해 한 대당 1~3만 원, 한 달 평균 60~70만 원을 벌었다고 한다. 무자본으로 시작한 것을 감안하면 높은 수익을 낸 것이다. 이처럼 스마트폰은 다른 판매 상품과 달리 소량 구매, 판매로도 높은 이익을 볼 수 있어 인터넷 상거래 아이템으로도 괜찮다고 할 수 있다.

　자슨은 2년 전에 완짜이(灣仔)에 '타임스 디지털(TIMES DIGITAL)'이라는 오프라인 중고 스마트폰 매장을 내면서 본격적으로 이 사업에 뛰어들었

다. 지금은 5개의 중고 스마트폰 매장을 운영하면서 하루에 150~300만 원의 매출을 올릴 정도로 자리를 잡았다.

타임스 디지털의 영업 방법은 온라인 거래와 오프라인 매장 거래로 특별하진 않다. 하지만 흥미로운 점은 한국 스마트폰 위주로 매매업을 한다는 것이다. 홍콩의 중고 스마트폰 시장은 삼성, LG, 팬택 등의 한국 스마트폰이 없으면 사업하기 곤란할 정도다. 그중에서도 주거래 품목은 단연 삼성 제품이라 할 수 있는데 그것은 출하량 때문이다. 삼성 제품은 한국 안에서도 분기당 약 300만 대를 판매할 정도로 인기가 많다. 제품이 다양하고 신제품 주기가 빨라 중고 스마트폰의 주요 공급원으로 자리를 잡았다. 반면 아이폰은 신제품를 재판매하는 시장이 형성되어 있어 찬밥 신세다.

2012년 1/4분기 한국 휴대폰(피처폰 포함) 시장 판매량 및 점유율

순위	회사명	판매량(대)	점유율(%)
1	삼성	3,604,800	62.4
2	LG	1,030,600	18.5
3	팬택	997,200	17.1
4	애플	87,000	1.5
5	HTC	30,400	0.5

출처: 시장 조사 기관 가트너

우리나라 같은 경우 중고 스마트폰 관련 사업이 대기업 위주로 형성되어 있어 개인은 운신의 폭이 그리 크지 않다. 하지만 홍콩 같은 경우에는 대기업은 신제품 판매 위주로 하고 있어 중고 스마트폰 관련 사업은 개인의 몫이라 할 수 있다.

특히 우리나라는 소비자들의 스마트폰 교체 주기가 빨라 중고 스마트폰의 공급기지 역할을 하고 있다. 시험 삼아 인터넷 사이트에 중고 스마트폰을 구입하겠다는 글을 올리면 하루 만에 10~20여 군데에서 팔겠다는 요청이 올 것이다. 그만큼 우리나라의 중고 스마트폰 매매 환경은 어느 나라와도 견줄 수 없을 정도로 독보적이다.

이렇게 모은 중고 스마트폰을 홍콩의 중고 스마트폰 판매점에 팔면 된다. 하지만 이상적인 방법은 중고 스마트폰 판매점을 직접 차리는 것이다. 왜냐하면 홍콩의 중고 스마트폰 판매점에서는 처음 거래하는 곳의 물건을 안 받기 때문에 시간이 오래 걸릴 뿐만 아니라 중간 판매는 수익률이 그렇게 높지 않기 때문이다.

신제품 스마트폰이 나올 때마다 거기에 비례하여 중고 스마트폰은 계속 쏟아져 나온다. 그러므로 자본도 거의 들지 않고 리스크도 적은 중고 스마트폰 매매업은 개인이 창업하기에 좋은 아이템이라 할 수 있다.

창업 자금 분석

(4평, 디지털 타임스 완짜이 본점)

임대료(2개월치 보증금+1개월치 선납)	750만 원
제품 구입비	2,300만 원
인테리어비	1,200만 원
+ 잡비(부동산 소개비 포함)	300만 원

● 합계   4,550만 원

월 순수익 분석

매출액(제품 출하기에 따라 유동적)	2,800만 원
− 임대료	250만 원
인건비(직원 2명, 파트타임 1명)	340만 원
제품 구입비	1,500만 원
잡비	90만 원

● 순수익   620만 원

한국인 창업 지수

안정성	★★★	투자성	★★★★
수익성	★★★★★	위험성	★★★
시장성	★★★★★	운영성	★★★

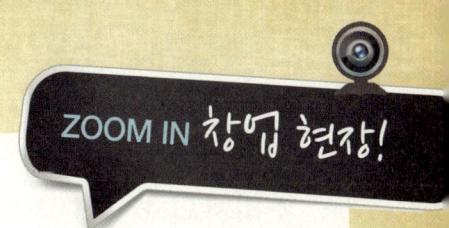
1 홍콩 거리를 지나다 보면 곳곳에서 중고 스마트폰 구입 광고판을 세워 놓고 앉아있는 사람을 종종 볼 수 있다.

2 홍콩의 중고 스마트폰 시장은 한국 스마트폰이 없으면 사업하기 곤란할 정도이다.

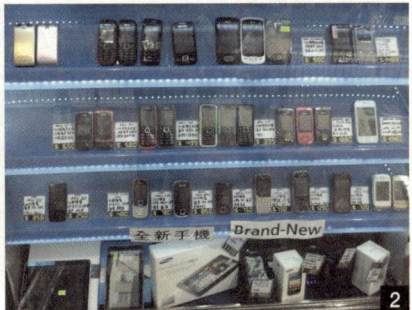

창업 Point

중고 스마트폰 매매업은 정보와 네트워크 사업이다. 따라서 처음부터 바로 창업하지 말고 정보 숙지와 네트워크 구축 방법을 충분히 배우고 난 후에 시작해야 한다.
그리고, 수익률이 높다 보니 장물이나 출처 불명의 중고 스마트폰이 많이 나오는데 이에 대한 확인을 철저히 해야 한다.

Tip

아이폰 중고품이 아닌 신제품 같은 경우, 여행 구매단에 의해 중국으로 넘어갈 경우 5만 원 정도의 차익을 남긴다.

item36 | 홍콩에서의 성공을 부르는 창업 아이템 |

소비자의 트렌드를 따라가라 | 해외 구매 대행업

● 代購王

주소 旺角彌敦道582-592號信和中心
8樓807室

전화번호 N/A

영업시간 오전 11시~오후 9시

주요 사업 해외 물품 구매 대행

중국 전자 연구센터(中國電子研究中心) 조사에 따르면 2011년과 2012년 중국 해외 구매 대행업의 교역액은 각각 256억, 480억 인민폐이다. 1년 사이에 100%나 급증했을 정도로 해외 구매 대행업은 온라인상에서 활발하게 이루어지고 있다. 우리나라 또한 해외 구매 대행 시장 규모가 2011년 7,500억 원에서 2012년 8,000억 원으로 늘어났다. 더욱이 한미 FTA의 영향과 소비자의 성향 변화로 인해 해외 구매 대행은 더욱 늘어날 것으로 예상되고 있다. 이 말은 그만큼 창업의 기회가 많아진다는 뜻이다.

해외 구매 대행업이란 소비자들로부터 해외 인터넷 쇼핑몰의 판매 상품을 자사 또는 타사 인터넷 사이트에서 주문받아 대신 구매해 주는 것을 말한다.

우리나라는 위즈위드, KT커머스, 미러스, 브랜드네트웍스, 엔조이뉴욕 등 기업형 대형 사업자와 개인이 운영하는 소규모 사업자로 나누어진다. 초창기에는 한창 온라인 상거래의 주도권을 쥐었지만 오픈마켓이 생긴 후에는 실적이 좋지 않았다. 그러다가 최근에 FTA 체결과 해외 직접 구매를 원하는 젊은층의 소비 증가로 다시 부흥기를 맞고 있다.

홍콩은 일본 제품 위주로 구매 대행이 이루어지고 있다. 취급 품목은 처음에는 패션, 잡화에 한정되었다가 가구, 카시트, 유모차, 장난감, 학용품, 식기류 등으로 확대되고 있다. 현재는 경쟁력 확보를 위해 많은 업체들이 전문 품목 위주로 운영을 하고 있으며, 구매 대상 국가도 미국, 중국, 일본에서 이탈리아, 프랑스 등으로 다양해지는 추세다.

해외 구매 대행업은 현지와의 네트워크 사업이다. 따라서 얼핏 보면 자본력이 있는 기업이나 가능하지 개인이 하기에는 무리라고 생각할 수 있다. 하지만 이 사업은 대행 수수료 사업이므로 오히려 개인 사업자가 하기에 적합하다.

한 예로 홍콩에서 인지도가 높은 구매 대행 개인 업체인 따이꺼우왕(代購王)을 들 수 있다. 따이꺼우왕의 일일 매출은 평균 50만 원이지만 수수료가 15% 미만으로 작다. 따라서 일정 규모 이상을 가진 기업이 운영하기에는 수익 창출이 어려운 구조이다. 그럼에도 우리나라에서 자본력이 있는 기업이 해외 구매 대행업을 하는 이유는 상장을 목표로 운영하기 때문이다.

온라인 개인 창업 시장은 현재 포화 상태다. 그렇다고 온라인 소자본 사업자들이 갑자기 오프라인 사업으로 옮기기에는 한계가 있다. 결국에는 차별화를 해야 하는데 그 방법이 저가 판매나 디자인 정도이다. 이런 일반적인 차별화로는 생존하기도 벅차다.

하지만 소비자의 트렌드를 보면 사업의 답을 얻을 수 있다. 요즈음 소비자들은 똑똑하고 손해 보는 것을 싫어하는 경향이 있다. 예를 들어 기존의 수입 업체가 불합리한 마진을 붙여 제품을 팔면 용납하지 못한다. 그래서 일부 소비자는 해외 사이트를 통해 직접 구매하기도 한다. 일명 직구족(族)이라는 불리는 이런 소비자가 늘어나다 보니 이것이 하나의 소비 패턴 현상으로 굳어지고 있다.

이제는 온라인 창업도 처음부터 해외를 상대로 해야 한다. 온라인의 장점인 공간 제약이 없는 것을 최대한 활용해야 한다. 예전에는 해외 물건을 개인이나 지인의 부탁으로 대신 사 왔지만 지금은 온라인상에서 주문만 하면 전 세계의 어떤 물건이라도 구매할 수 있는 세상이다. 소비의 트렌드가 국내 제품에서 해외 제품으로 이동하는 지금이 해외 구매 대행업 창업의 적기라 할 수 있다.

앞서 예를 든 따이꺼우왕의 경우는 1인 창업으로 시작하여 지금은 미국, 중국, 한국 등으로 서비스를 확대하고 있을 정도로 활발하게 활동하고 있다. 처음에는 홍콩 소비자를 대신하여 일본 제품만 구매 대행해 주었다. 일본 제품만 구매 대행한 것은 홍콩인들의 일본 제품에 대한 선호도가 워

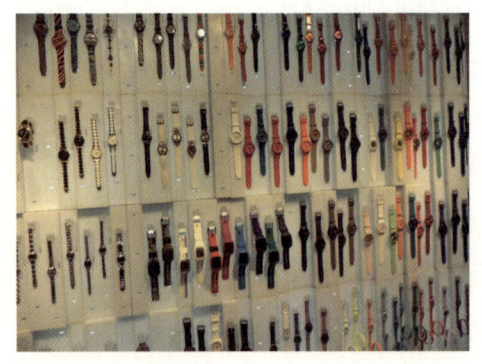

낙 높기도 하고 일본에 같이 일할 친구가 있어 네트워크 구축에 어려움이 없어서이기도 했다.

이렇듯 해외 구매 대행업 창업은 해외 네트워크(해외 파트너)가 있다는 전

홍콩에서의 성공을 부르는 창업 아이템

제 아래 할 수 있다는 단점이 있지만 그렇다고 창업을 못하는 것은 아니다. 오히려 요즈음 이런 해외 구매 대행업 또는 해외 제품을 팔려는 창업자들을 위한 전문 서비스 업체들이 속속 생겨나고 있다. 우리나라의 고도몰, 카페24, 메이크샵 등을 포함한 대부분의 호스팅 업체들도 서비스를 하고 있고 홍콩 또한 마찬가지로 같은 종류의 서비스를 하고 있다.

그래서 홍콩에서부터 해외 대행업을 시작하려면 홍콩 호스팅 업체에서 서비스를 받으면 된다. 전화 연결, 비서 등 여러 서비스 체계가 잘 되어 있어서 굳이 사무실이 필요 없을 정도다. 호스팅 업체를 선별하는 방법은 홍콩 포털 사이트에서 영문으로 '호스팅(hosting)'이라고 친 후 창업자 본인의 조건에 맞는 업체나 판매 상품을 선택하면 된다.

소자본으로도 운영이 가능하고 리스크가 거의 없는 해외 구매 대행업은 창업자가 꼭 도전해 볼 만한 아이템이라 할 수 있다.

창업자금 분석

	임대료(2개월치 보증금+1개월치 선납)	450만 원
	호스팅비(1년치)	110만 원
	사무실 집기(중고)	480만 원
	PC 등 업무 집기(중고)	300만 원
+	잡비	100만 원
●	합계	1,440만 원

월 순수익 분석

	매출액	1,200만 원
−	임대료	150만 원
	인건비(직원 3명, 상황에 따라 웹디자이너 같은 알바 고용)	580만 원
	잡비	100만 원
●	순수익	370만 원

한국인 창업 지수

안정성	★★★	투자성	★
수익성	★★★	위험성	★★
시장성	★★★★	운영성	★★★★

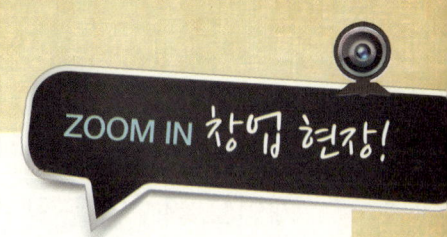

ZOOM IN 창업 현장!

1 소비의 트렌드가 국내 제품에서 해외 제품으로 이동하는 지금이 해외 구매 대행업 창업의 적기라 할 수 있다.

2 과거에는 패션, 잡화 등으로 취급 품목이 한정적이었으나 요즈음에는 가구, 카시트, 유모차, 장난감, 학용품, 식기류 등 일반 생활용품으로까지 확대되고 있다.

창업
Point

홍콩과 네트워크 구축을 할 수 있는 최선의 현실적 방안은 교민을 상대로 하는 것이고, 차선책은 조건에 맞는 홍콩 호스팅 회사의 서비스를 선택하는 것이다.

Tip

요즈음은 직접 상품을 수배하여 등록 판매하는 일괄 구매 대행이 주를 이루고 있다.

item 37 | 홍콩에서의 성공을 부르는 창업 아이템 |

개인도 직수입을 할 수 있다 | **개인 수입**

● **작은 천사**

주소 炮台山地鐵站B出口北角方向斜對面
　　　　 300M
전화번호 N/A
영업시간 오전 11시~오후 8시
주요 사업 한국 아동, 유아 의류 판매

　　요즈음의 소비자들은 원하는 제품의 정보 및 가격에 민감하여 판매자보
다 더 많이 알고 있는 경우가 많다. 인터넷 쇼핑몰이 등장하면서 나온 현상
으로 이런 소비자들을 핫딜족(hot deal族)이라고 부른다. 이들은 초저가 상
품만을 구매하는 경우가 많다.

　　핫딜족들은 20~30대뿐만 아니라 50~60대 소비자까지 확산되는 추세다.
그래서 예전처럼 도매상에서 공급받은 물건을 판매해서는 경쟁력이 없다.
지금은 공장을 직접 수배하여 직거래하는 방식으로 바뀌고 있다.

　　그럼에도 대부분의 온라인 쇼핑몰 창업자들은 여전히 도매업체에서 공
급받는 과거의 방식에서 벗어나지 못하고 있다. 사업의 영속성을 위해서는
처음부터 직거래 유통망을 구축해야 하는데 개인 창업자는 자본의 한계와

사업의 영세성 등으로 인해 공장과 직거래하기가 쉽지 않다.

하지만 해외로 눈을 돌리면 개인 사업자가 핸디캡 없이 얼마든지 직수입 거래를 할 수 있다. 오히려 공급자 역할도 할 수 있기 때문에 해외로부터 직수입을 하는 방법을 먼저 강구해야 한다.

홍콩은 무관세이기 때문에 일찍부터 개인들도 수입이나 수출을 할 수 있었다. 일반적으로 가장 많이 직수입하는 곳은 홍콩에서 2시간 걸리는 중국의 광저우다. 광저우는 중국 전역에서 생산되는 상품의 집산지로 품질도 우수해 홍콩으로 들어오는 대부분의 제품은 여기에서 들어온다고 해도 과언이 아니다.

광저우는 옛날부터 중국 전역의 교역 중심지 역할을 하였다. '광저우에서 물건을 못 찾으면 중국에는 없는 물건이다'라는 말이 있을 정도로 중국 전역의 물건이 광저우로 공수된다. 제3차 산업인 도소매업이 61.5%를 차지할 정도로 광저우는 거대 도매 시장이라 할 수 있는데 좀 더 정확히 말하면 전세계의 도매 물건의 공급 기지라는 표현이 맞을 것이다.

이런 거대 공급 도시에 인접해 있는 홍콩의 사업자들은 광저우에서 물건을 직수입하여 제3국에 되팔거나 홍콩 내에서 소비시키는 것을 유통의 교범처럼 알고 있다. 그러나 모두 광저우 쪽에서 수입하다 보니 제품마다의 차별이 없고 가격 경쟁만 하는 현상도 나타나고 있다. 그

래서 일부 업자는 가격이 조금 더 싼 중국의 이우(義烏)로 몰리기도 한다.

이우 도매 시장은 여러 개의 도매 쇼핑몰이 하나로 연결된 복합 쇼핑몰 형태로 되어 있어 제품 수배에 시간이 절약되는 장점이 있다. 하지만 제품이 주로 노점상이 판매하는 제품이나 저가 인터넷 쇼핑몰 제품밖에 없어 품질이 떨어지고 종류가 한정되어 있다는 단점이 있다.

홍콩에서 판매되는 일반 공산품은 거의 광저우나 이우의 물건으로 봐도 무방하다. 하지만 디자인이 중시되는 의류 제품은 브랜드 제품이 아닌 중저가인 경우에는 일본과 한국 제품이 절대 우위를 차지하고 있다.

특히 한국 제품은 남성복과 여성복 점유율이 각각 10%, 30%를 차지할 정도로 선호도가 높다. 4~10명씩 조를 짜서 1~3주에 한 번씩 동대문 시장이나 남대문 시장에 직접 와서 물건을 구입해 가거나 인터넷 쇼핑몰을 통해 주문한다.

포타이산(炮台山)에 있는 작은 천사라는 유아 전문 의류점도 인터넷이나 유선으로 주문하고 항공 운송을 통해 물건을 받고 있다. 경비 절감도 되지만 사장이 한국인이라 유행 정보가 빠르기 때문에 일반 유아 의류점보다 경쟁력이 높다.

이렇듯 홍콩에서는 사업자가 직접 수입하여 팔지 않으면 제품이나 가격 경쟁력이 없기 때문에 일반 점포를 창업하기 전에 먼저 직수입 유통 구조에 대해 교육을 받아야 한다. 직접 수입 국가에 가서 구매 요령부터 운송 방법까지 배울 수 있다. 요즈음은 우리나라의 창업 학원들에서 나라별로 직수입에 관한 교육을 가르치고 있다.

또는 본인이 직접 몇 번 수입 국가에 가서 경험을 해 보는 것도 좋은 방법이라 할 수 있다. 일단 창업 전에 먼저 부딪쳐 보자.

창업 자금 분석

(10평)

임대료(2개월치 보증금+1개월치 선납)	840만 원
인테리어비	1,000만 원
의류 구입비	1,000만 원
+ 잡비(부동산 수수료 포함)	450만 원
● 합계	3,300만 원

월 순수익 분석

매출액	1,980만 원
− 임대료	280만 원
인건비(직원 1명)	150만 원
상품 구입비	1,000만 원
잡비(운송비 포함)	120만 원
● 순수익	430만 원

한국인 창업 지수

안정성	★★★	투자성	★
수익성	★★★	위험성	★
시장성	★★★	운영성	★★★

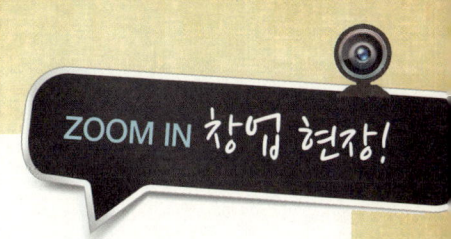

ZOOM IN 창업 현장!

1 한국 의류를 직접 수입하여 판매하고 있는 상점
2 홍콩에서는 작은 가게라 해도 사업자가 직접 수입하여 팔지 않으면 제품이나 가격 경쟁력이 없다.

창업 Point

한국 의류를 직수입하여 홍콩에서 판매할 때에는 소매 판매 위주로 영업을 하여야한다. 소매가격은 통상 2~3배 이상으로 정해져 있다. 단, 도매 판매는 홍콩의 직수입상이 한국에 많이 왕래하므로 사업성 및 수익성이 없다.

Tip

광저우의 주요 도매 시장은 다음과 같다.

• 완구 시장 玩具城, 德宝交易广, 玩具批市
• 안경, 선글라스 시장 廣州眼城
• 문구, 체육용품 시장 誼園文玩批中心, 南文体用品交易市, 星之光文体用品市
• 시계 시장 南方表交易中心, 站西表城
• 의류 시장 白馬裝批市, 步步高毛广, 流花皮草裝商, 新天地服裝城

5,000만 원 이하로 홍콩에서 창업하기

초판 1쇄 인쇄 2013년 04월 19일
초판 1쇄 발행 2013년 04월 26일

지은이 김한성

펴낸이 김연홍
펴낸곳 아라크네

출판등록 1999년 10월 12일 제2-2945호
주소 121-865 서울시 마포구 연남동 224-57
전화 02-334-3887 **팩스** 02-334-2068

ISBN 978-89-98241-17-9 13320